Martina Meuth
Bernd Neuner-Duttenhofer

Einfach das Beste!

Das Begleitbuch
zur WDR Servicezeit:
Essen & Trinken

Redaktion der Sendung: Rainer Nohn

vgs EGMONT

Bibliografische Information Der Deutschen Bibliothek
Die Deutsche Bibliothek verzeichnet diese Publikation in der Deutschen Nationalbibliografie; detaillierte bibliografische Daten sind im Internet über http://dnb.ddb.de abrufbar.

Redaktion: Michael Büsgen
Lektorat: Verena Tenzer
Bildredaktion: Bernhard Fischer
Umschlaggestaltung und Layout: Metzgerei Strzelecki, Köln
Bildnachweis:
Umschlagfoto vorne: © Luca Siermann
Umschlagfotos hinten: Martina Meuth
Videograbs: Imhoff Realisation, hergestellt von 24/25 Timeline Unit Gbr
S. 3, 12-13, 24-25, 38-39, 54-55, 64-65, 78-79, 90-91,
102-103, 114-115, 126-127, 138-139, 148-149, 162-163, 180-181,
194-195: Martina Meuth
Satz: Achim Münster, Köln
Produktion: Susanne Beeh, Jutta Wallrafen
Printed in Germany
ISBN 3-8025-1678-8

www.vgs.de

Inhalt

Vorwort

Sie haben sich zum Kauf dieses Kochbuchs entschieden, weil Sie unser Kochduo aus den Fernsehsendungen kennen und ihre Art zu Kochen gut und richtig finden? Sie möchten nachkochen, was Martina und Moritz (wie sie ihn nennt) Ihnen an Rezepten für Ihre eigene Küche vorschlagen? Oder – ganz geschickt – soll dieses Buch vielleicht ein Geschenk sein für jemanden, der gerne kocht – und Sie dann zum Essen einlädt? Aus der Vielzahl der Kochbücher haben Sie jedenfalls unseres ausgewählt – und dafür bedanken wir uns schon einmal.

Martina Meuth und Bernd Neuner-Duttenhofer gehören wahrlich zu den erfahrensten Köchen in deutschen Landen, denn seit über 20 Jahren sind sie mit ihrer Kochkunst auf dem Bildschirm zu sehen, haben 175 Sendungen gestaltet, tausende von Rezepten kreiert, über 50 Kochbücher veröffentlicht, fast 100 Kochseminare abgehalten.
Die Fernsehsendungen, die vom WDR produziert und von anderen Sendern der ARD übernommen werden, gehören zu den erfolgreichsten Informationssendungen im deutschen Fernsehen. Die Zuschauerquoten steigen ständig und erreichen oft bessere Werte als viele Unterhaltungssendungen. Allerdings sind ja auch unsere Sendungen unterhaltsam, weil sie vom munteren Dialog des kochenden Ehepaares leben und so manche witzige Bemerkung enthalten. Dass die Kochvorgänge und die Abläufe auch parallel laufender Aktionen in der Küche der beiden anschaulich und nachvollziehbar präsentiert werden, dafür sorgt seit Jahren der Regisseur und Produzent Arno Imhoff mit seinem Team. Er hat auch die kleinformatigen Bilder aus der Sendung in diesem Buch beigesteuert. Es ist nämlich auch der Anspruch dieses Buches, die einzelnen Rezepte mit möglichst vielen Bildern plausibel und nachvollziehbar zu gestalten. Dadurch unterscheidet es sich von vielen anderen Kochbüchern. Die Rezepte in diesem Buch basieren auf den Sendungen, die vom WDR im Jahr 2004 produziert wurden, doch enthalten sie darüber hinaus etliche zusätzliche Informationen. Für die Rezepte zu den aktuellen Sendungen halten wir im Internet unter www.servicezeit.de ein entsprechendes Angebot für Sie bereit. Im letzten Jahr wurden unsere Internetseiten über zehn Millionen Mal aufgerufen – ein Spitzenwert unter den Informationssendungen innerhalb der ARD. Gerne machen die Zuschauer auch Gebrauch von unserem Küchenforum im Internet, wo Rezepte und Erfahrungen ausgetauscht werden können.

Martina Meuth und Bernd Neuner-Duttenhofer stehen für eine regionale, saisonale, umweltverträgliche und schmackhafte Kochkunst, die auf frische Produkte setzt. Sie kommt nicht nur dem Geschmack, sondern auch der Natur zu Gute. Dieses Konzept wird auch von dem Ernährungsmagazin Servicezeit: Kostprobe des WDR seit nunmehr zwölf Jahren verfolgt. Als Redakteur beider Sendereihen bin ich froh und glücklich, durch meine Arbeit vielleicht etwas zur Esskultur und den Koch- und Ernährungskenntnissen unserer Zuschauer beitragen zu können. Als leidenschaftlicher Hobbykoch (und Hobbygärtner) probiere ich auch selbst gern neue Rezepte aus und habe viel Spaß daran, quasi als erster Zuschauer die Rezepte unseres Kochduos in Händen zu halten. Und immer wieder bewundere ich, mit welchem Einfallsreichtum und welch umfassenden Kenntnissen unsere Köche zu Werke gehen. Da wird auch aus einem gängigen Grundnahrungsmittel wieder etwas Neues, Überraschendes und Leckeres gestaltet. Und das Motto, das seit Jahren über ihrer Küchenarbeit steht, ist jetzt zum Titel dieses Buches geworden: »Einfach das Beste!«

Freuen Sie sich auf viel Vergnügen beim Kochen und Genießen!

Herzlichst,

Rainer Nohn
Redakteur Servicezeit: Essen & Trinken

Einfach das Beste!

Als wir uns überlegten, wie dieses Buch einmal heißen sollte, kamen wir zunächst auf die zwar korrekte Aussage, aber doch recht umständliche Formulierung: »Das Einfache ist das Beste«. Das schien uns kein attraktiver Titel für ein Buch. Und beim Brainstorming fiel dann irgendwann die verkürzte Form: »Einfach das Beste!«
Zweifel befiel uns: Könnte man da nicht auf den Gedanken kommen, es würde hier nur mit edlen, teuren Zutaten gekocht, die ja so gerne als »beste« gelten? Würde man da nicht meinen, wir wollten abheben und in die feine Luxusküche der Sterneköche driften?
Nein, haben wir uns beruhigt: Wer uns und unsere Sendungen kennt, wird das kaum vermuten! Unsere Leserinnen und Leser, unsere treuen Zuschauer und Fans – sie wissen, dass wir das Einfache lieben und damit das Gute, nein: das Beste! Und dass wir darunter auf keinen Fall verstehen, in Hummer und Langusten, Kaviar und Trüffeln zu schwelgen!
Und wir wiederum wissen, dass unsere Zuschauer und Leser, die ja unsere Sendungen und Bücher oft schon seit längerem kennen und meist regelmäßig verfolgen, durchaus nicht so schmalspurig denken wie jene, die gerne (vor allem in Werbe- und Anzeigentexten) von

edlen Genüssen schwärmen und glauben, Luxusgüter seien automatisch auch »das Beste«! Dabei muss man »das Beste« immer suchen – unter den teuren Edelprodukten ebenso wie unter den ganz normalen Zutaten für die alltägliche Küche. »Das Beste« ist eben nicht automatisch Kaviar und Hummer – ein beliebiger, mit hoher Temperatur sterilisierter Dosenkaviar oder ein zur falschen Jahreszeit gefangener, daher magerer und trockener Hummer sind ebenso schlecht wie hohl schmeckende, mit viel zu viel Dünger auf Masse und Größe produzierte Äpfel oder Kartoffeln. Hingegen sind die am richtigen Ort auf dem richtigen Boden naturnah, gewissenhaft und sorgfältig produzierten, vielleicht sogar nach biologischer Anbaumethode gezogene Äpfel und Kartoffeln eine Delikatesse!
Es entscheiden eben nicht Preis oder Prestige über den kulinarischen Wert einer Zutat, sondern ganz schlicht und einfach – da ist das Wort! – deren guter, nein: bester Geschmack! Und die Küche damit sollte sowohl unseren Lebensgewohnheiten entsprechen (wir brauchen als Büro- und relativ bewegungsarme Menschen eben nicht so viele Kalorien wie ein Holzfäller!) wie auch den neuesten Erkenntnissen der Ernährungswissenschaft (kürzere Garzeiten, sich komplettierende Zusammenstellungen der Zutaten, die richtige Hitzeführung).

Ein gutes **Lebensmittel** ist buchstäblich ein **Mittel** zum **Leben** oder sollte es wenigstens sein – wir werden nicht müde, das immer wieder zu betonen. Aber damit es diesen Namen verdient, muss es auch wirklich gesund und bekömmlich sein. Wir empfehlen stets ausdrücklich frische Lebensmittel zu verwenden, nicht das von der Lebensmittelindustrie vorbereitete Produkt. Am besten Lebensmittel, die weitgehend im Einklang mit der Natur erzeugt werden.
Hier nur eine kleine Liste, welche Ursachen Lebensmittel für den menschlichen Organismus wertlos, gar gefährlich und schädlich machen. Wir würden uns wünschen, dass die Gesetzgebung sich dieser Fragen gründlicher annähme und auf eine striktere Beachtung dränge.

- Zu reichlich und zu sorglos verwendete Pestizide, Insektizide und Dünger schaden pflanzlichen Produkten. Sie steigern die Produktivität und senken damit den Preis, aber immer zu Lasten der Natürlichkeit und des Geschmacks. Weil man außerhalb der eigentlichen Saison der einzelnen Obst- und Gemüsesorten besonders viel dieser Mittel braucht, ist es ratsam, sich an die Jahreszeiten zu halten.
- Leider herrschen vielerorts zu lasche Vorschriften bei der Qualitätskontrolle und beim Überprüfen von Rückständen – denken wir nur an die alle Jahre wiederkehrenden Warnungen der Verbraucherverbände vor den ganz frühen Erdbeeren aus Südeuropa, diese sollte man also unbedingt meiden!

- Von manchen Produzenten werden gesetzliche Bestimmungen einfach nicht eingehalten und von den zuständigen Behörden auch nicht überprüft. Zum Beispiel beim Olivenöl extra vergine, das in neun von zehn Fällen nicht den Vorschriften entspricht! Immer wieder von privaten Institutionen entdeckte Betrügereien verhallen meist ungehört.
- Unglaublich, dass natürliche Aromen durch künstlich produzierte Aromastoffe ersetzt oder verstärkt werden dürfen und auf dem Etikett naturidentisch genannt werden, weil sie irgendwo in der Natur vorkommen. Selbst wenn sie absolut nichts mit dem Produkt zu tun haben, sondern im konkreten Fall aus irgendwelchen, teilweise sogar ekelhaften Materialien gewonnen wurden.
  Eine geradezu arglistige, vom Gesetzgeber sanktionierte Verbrauchertäuschung, die zu nichts anderem gut ist, als den Preis zu senken.

- Massentierhaltung ist nicht artgerecht und führt nicht nur zu geschmacklichen Mängeln, es ist vielmehr Tierquälerei und sollte endlich verboten werden!
- Die Verwendung von nicht artgerechten Futtermitteln (man erinnere sich an die Krankheit BSE, die entstand, weil man Rinder, die eigentlich Pflanzenfresser sind, mit Fleischabfällen fütterte) oder Futter zweifelhafter Herstellung oder Herkunft sollte strengstens verboten und überprüft werden.
- Industrielle Verarbeitungsmethoden, die in erster Linie auf eine bequeme Handhabung des Fertigproduktes (Convenience) ausgerichtet sind – und dabei zwangsläufig die natürliche Qualität des Ausgangsproduktes maßgeblich verändern und verschlechtern, sollten immer wieder auf dem Prüfstand stehen.
- Ebenso jene industrielle Methoden der Produktgewinnung, die nichts als höchste Ausbeute und damit den möglichst geringen Preis im Auge haben – zum Beispiel die Herstellung von Wurst und Würstchen aus Schleuderfleisch, also Fasern, Sehnen und Fleischresten, die man nur mit Hochdruck von den Knochen lösen kann und die bei herkömmlicher Schlachtweise und Verarbeitung Abfall wären. Eine solch unappetitliche Produktionsweise dürfte eigentlich nicht für Produkte zugelassen sein, die für den menschlichen Verzehr gedacht sind.

Man mag sich gar nicht vorstellen, wie unter dem Druck des Preises gemogelt und betrogen wird, was wir nicht alles für hahnebüchenen Dreck als billige Nahrungsmittel unter unverdächtiger Bezeichnung angeboten bekommen …
Wachsamkeit ist also vonnöten – und viel Wissen um die Qualität, Produktkenntnisse, Warenkunde. Genau dies bemühen wir uns immer wieder in unseren Sendungen und Büchern zu liefern. Denn diese

Kenntnis und Erfahrungen sind die unabdingbare Basis dafür, »einfach das Beste« zu finden.
Klar, dass diese Lebensmittel dann auch entsprechend zubereitet werden sollten. Und da möchten wir Ihnen mit unseren Rezepten und Tipps helfen. Wir verzichten dabei am liebsten auf modischen Firlefanz und auf zu komplizierte Arbeitsweisen, es soll pfiffig sein, beim Kochen wie beim Essen Spaß machen. Wir legen Wert darauf, mit möglichst wenig Fett auszukommen, finden es aber wichtig, das richtige, immer das »beste!« Fett zu verwenden (z. B. Olivenöl mit all seinen ungesättigten Fettsäuren). Wir arbeiten mit schonenden kurzen Garzeiten, um den Zutaten ihren wahren Geschmack zu belassen, ihre natürlichen Inhaltsstoffe, ihren wahren Wert, die Vitamine und bioaktiven Substanzen so komplett wie möglich zu erhalten. Dass wir uns dabei gerne die moderne Küchentechnik zu Nutze machen sowie immer wieder auf bewährte, praktische und schnelle Garmethoden zurückgreifen, die wir in anderen Ländern kennen gelernt haben (Kochen mit dem Wok!), ist schon längst ein Markenzeichen von uns.

Und all dies dient nur dem Einen: »Einfach das Beste!« auf den Tisch zu bringen!

Martina Meuth und Bernd Neuner-Duttenhofer

Von Pilaw, Risotto und anderen Reisgerichten

1

2

3

Reis ist in unseren Breiten zwar ein eher exotisches Gewächs, aber er gehört dennoch schon lange völlig selbstverständlich auf unseren heimischen Speisezettel. Allerdings meist nur als eher unscheinbare, belanglose Beilage. Das ist schade, denn in den kleinen weißen Körnchen steckt eine unglaubliche Vielfalt. Reis ist bescheiden, kann sich unterordnen, ist anpassungsfähig. Aber er hat durchaus auch das Talent zum Superstar – wenn man ihm endlich mal die Hauptrolle zugesteht. Es gibt unendlich viele Sorten, aber nicht alle sind für jedes Rezept geeignet. Das ist auch gut so, denn so kann man für jede einzelne Rolle die richtige Sorte gezielt auswählen.

Warenkunde

Reis gibt's in noch größerer Vielfalt als Kartoffeln, es sind tausende Sorten, die der Botaniker kennt. Dabei ordnet er das Gewächs Reis, botanisch oryza sativa, zwei grundverschiedenen Arten zu: Einmal den Rundkornreis (japonica), der beim Kochen weich wird, Stärke abgibt und damit die umgebende Flüssigkeit bindet. Ihn braucht man für Risotti, Paellas, Milchreisgerichte, und die Japaner nehmen ihn für Sushi. Daneben der Langkornreis (indica). Er ist in unserer und in den Küchen Asiens die wichtigste Spielart. Hier bleiben die Körner schön separat, werden duftig, und man liebt sie möglichst trocken. Es ist der Reis, den man als Beilage mag, für Pilaws nimmt, und der in Asien Grundnahrungsmittel und die Basis für viele Gerichte ist. Reis kann man naturbelassen kaufen, also aus den Spelzen gelöst, aber noch mitsamt dem so genannten Silberhäutchen, unter dem die Vitamine und wichtigsten Inhaltsstoffe stecken. Dieser Vollkornreis (2) gilt als gesünder als der weiße, geschälte Reis (1), bei dem dieses Häutchen entfernt ist, der dafür aber besser schmeckt. Vor allem, wenn es sich um die feineren Sorten handelt wie den berühmten Duftreis aus Thailand (3) oder den Basmati (4) aus Pakistan. All die Asiaten können nicht irren, die allesamt nahezu ausschließlich geschälten Reis essen! Und man braucht trotzdem durchaus keine Mangelerscheinungen befürchten: Reis ist ja nicht unser alleiniges Nahrungsmittel, wir nehmen mit allen anderen Lebensmitteln, die wir zum Reis essen, hoffentlich genügend Vitamine, Mineralstoffe und Ballaststoffe zu uns. Deshalb brauchen wir durchaus keine Angst vor der berüchtigten Beri-Beri-Krankheit zu haben, die vor allem dort eine Gefahr ist, wo man außer einer kleinen Schale Reis pro Tag nichts weiter zu essen bekommt. Um dieser in Asien früher häufig auftretenden Krankheit vorzubeugen, hat man übrigens dort schon früh das Verfahren des Parboilings entwickelt, bei dem mit Hilfe von Dampfdruck die Inhaltsstoffe aus der Schale in den Reiskern gepresst werden. Das stabilisiert zwar die Inhaltsstoffe, führt jedoch auch zu einer Veränderung der Struktur und leider zu einem uniformen, sehr blassen Geschmack. Die Körner verlieren dabei ihren Stärkemantel, weshalb sie Saucen und Aromen nicht mehr so gut aufnehmen können. Daher ist es gut, dass man innerhalb einer ausgewogenen Ernährung darauf verzichten kann und getrost zum geschälten Reis greifen darf.

Für Risotti nehmen wir einen Mittelkornreis (1), am liebsten die allerfeinste Sorte: Carnaroli. Häufiger im Angebot sieht man die Sorten Vialone, Arborio oder Avorio mit ihren erheblich dickeren Reiskörnern. Sorten, die weniger elegant schmecken und eher ein bisschen derb sind. Sehr wohlschmeckend und eher kleinkörnig sind Roma oder der spanische Bomba, der sich bestens für Paella eignet. Für Pilaw und andere Reistöpfe braucht man eine Langkornsorte, Patna- oder Siamreis zum Beispiel. Langkornreis bleibt appetitlich trocken beim Kochen, wirkt stets duftig und zerkocht eigentlich nie richtig pappig. Die edelsten Langreissorten, die aromatischen Duftsorten, thailändischer Duftreis, auch Jasminreis genannt, oder den ebenfalls wohlduftenden Basmati aus Pakistan sollte man eher für asiatische Zubereitungen verwenden. Und wilder Reis? Das ist streng genommen gar kein Reis, sondern das Korn eines schilfartigen Wassergrases (5) ...

4

5

Reis waschen oder nicht?

Das ist immer eine Streitfrage. Früher, als der Reis noch lose im Sack verkauft wurde – wie das heute in den asiatischen Ländern noch immer häufig geschieht –, war dies nötig, da viel Staub und Schmutz an den Körnern haftete. Heute wird Reis in den großen Betrieben zunächst gründlich gereinigt und dann hygienisch in Cellophantüten oder in große Plastiksäcke verpackt. Das macht das Waschen zu Hause im Grunde überflüssig. Das ist auch gut so, denn beim Waschen wird womöglich zu viel der Stärke, die die einzelnen Körnchen umgibt, mit weggespült. Und die ist ja schließlich erwünscht, damit die Reiskörnchen ganz hauchzart aneinander haften. Oder, damit die Flüssigkeit, die man zufügt, angenehm gebunden wird.

Reis im Vorrat

Reis ist praktisch unverwüstlich. Wenn man ihn trocken und luftig in der Vorratskammer lagert, kann er sogar noch nach Jahren genießbar sein. Das gilt allerdings nicht für den ungeschälten Reis mit dem Silberhäutchen, das hier die Körner noch umschließt. Darin steckt nämlich auch ein gewisser Anteil Fett, das im Laufe der Zeit ranzig werden kann.
Gedämpften oder gekochten Reis kann man mühelos aufwärmen, indem man ihn in einem gut verschlossenen Gefrierbeutel für kurze Zeit in die Mikrowelle legt. Auch praktisch: In einer Schüssel, mit

einem nassen Stück Küchenpapier zugedeckt in der Mikrowelle erwärmen. Er ist nach wenigen Minuten wieder duftig locker und dampfend heiß. Man kann ihn übrigens einfrieren, wenn man ihn nicht alsbald verbrauchen kann. Aber: Er leidet stets darunter und wird nach dem Auftauen und Aufwärmen immer ein bisschen pappig sein.

Reis richtig kochen!

Der Erfolg von Kochbeutelreis zeigt, dass es offenbar immer noch Menschen gibt, denen Reis kochen Probleme bereitet. Dabei gibt's doch kaum etwas Einfacheres! Am besten ist die **Quellmethode**, das heißt Reis mit einer genau abgemessenen Menge Wasser aufkochen und dann auf kleinstem Feuer ausquellen lassen. Unsere Urgroßmütter haben den Topf dafür in die berühmte Kochkiste oder einfach ins Bett unter die dicke Bettdecke gestellt. Zum Ausquellen rechnet man pro Tasse Reis etwa anderthalb Tassen Wasser. Idealerweise nimmt man dazu einen Topf, der die Hitze gut leitet, aus Gusseisen etwa.
Reis lässt sich auch **in viel Wasser kochen**, vergleichbar der Zubereitung von Nudeln. Also in reichlich kochendes Salzwasser werfen und nach 20 Minuten im Sieb abgießen. Jetzt ist der Reis natürlich noch ziemlich nass. Deshalb wird er nunmehr auf einem Backblech ausgebreitet, und man lässt ihn im Ofen zehn Minuten trocknen. Dabei kann man ihn mit Butterstückchen würzen und vor dem Trockenwerden bewahren.
Und schließlich gibt es noch **die kreolische Art** des Reiskochens oder **nach Art des Pilaws**: Dafür lässt man zunächst Zwiebeln in Öl andünsten, gibt Reis hinzu, gießt die genau bemessene Menge Brühe an und lässt den Reis nach gründlichem Aufkochen ebenfalls ausquellen.
Nach einem ähnlichen Prinzip werden auch Risotti gekocht. Allerdings hat man in Italien diese Methode noch wesentlich verfeinert. Man gießt die nötige Flüssigkeit während des Kochens langsam und portionsweise an, dadurch wird die Stärke besonders sorgsam gelöst und kann sich innig mit der Flüssigkeit verbinden. Das Ergebnis ist eine wunderbar cremige Sache!
Und wer ganz auf Nummer sicher gehen und stets perfekt körnigen Reis servieren will, der kauft sich einen **Reiskocher**. Besonders gut für Asienfans, die ja sonst, wenn sie asiatisch kochen, mit ihrem Reistopf stets eine Herdplatte besetzt halten. Es gibt diese praktischen Geräte in jedem Asienshop in verschiedenen Größen.

Die Rezepte

Parmesanrisotto

Muße und Ruhe braucht ein Risotto, da darf nichts überstürzt werden, Hektik nimmt er übel: Die Reiskörner müssen langsam im heißen Fett angedünstet werden, dürfen nicht rösten, sondern sollen eher schwitzen. Nur dann wird der Stärkemantel aus der äußeren Schicht behutsam gelöst, der im Verlauf des Kochens dafür sorgt, dass der Risotto cremig wird und eine sanfte Konsistenz bekommt.

ZUTATEN

Für vier Personen:

1 Zwiebel
2 EL Butter
2-3 Knoblauchzehen
1 Rosmarinzweig
250 g Rundkornreis
1 gutes Glas trockener Weißwein
ca. 1 l leichte Hühner- oder Gemüsebrühe
1-2 Lauchstangen
Salz, Pfeffer
Muskat
Zitrone
40 g frisch geriebener Parmesan
ca. 40 g Butter

1 Die Zwiebel fein würfeln, in der heißen Butter in einem mittelgroßen Topf sanft anschmurgeln. Sie soll garen, aber nicht bräunen. Den Knoblauch zerquetschen, fein hacken und zufügen. Ebenso den Rosmarin: die Nadeln vom Stiel streifen und fein hacken. Kurz mitdünsten, schließlich auch die Reiskörner hinzurieseln lassen. Gründlich rühren, bis alle Reiskörner von Butter überzogen glänzen. Erst jetzt darf mit dem Wein abgelöscht werden. Allerdings nicht alles auf einmal hineingießen, sondern erst die Hälfte, und dann nach und nach den Rest. Sobald diese Flüssigkeit verkocht ist, wird kellenweise Brühe angegossen. Sie sollte heiß sein, damit die Reiskörner

nicht erschreckt werden, immer wieder nur eine kleine Kelle und immer erst dann hinzugießen, wenn die vorhergehende Menge eingekocht ist. Diesen Vorgang sollte man nicht beschleunigen, sonst verhärten sich die Reiskörner (wer weiß, vielleicht vor Ärger?), und aus ist's mit dem cremig-sanften Risotto.

2 Auf diese Weise wird praktisch jeder Risotto zunächst einmal angesetzt. Jetzt darf man mit geschmacksbereichernden Zutaten spielen: zum Beispiel Lauch. Er wird geputzt, in Scheibchen geschnitten und in einer Pfanne in heißer Butter gedünstet. Dabei mit Salz, Pfeffer, Muskat sowie mit abgeriebener Zitronenschale gewürzt. Unter den garen Risotto noch geriebenen Parmesan und Butter rühren – fertig ist ein unwiderstehlich duftendes Gericht!

GETRÄNK

Dazu gibt es einen interessanten Wein aus dem Piemont, einen Dolcetto. Der natürlich durchaus nicht süß ist, wie sein Name suggeriert, sondern vielmehr mit seinem kräftigen Tanningerüst seine helle Farbe Lügen straft.

ZUTATEN

Für vier Personen:

4-8 gleich große Paprikaschoten (gelb, rot, grün oder die ganz hellen)
1 große Zwiebel
3 Knoblauchzehen
3 EL Olivenöl
3 Tassen Langkornreis
½ Glas Weißwein
300 ml Brühe
2 EL Pistazien oder Pinienkerne
500 g Hackfleisch (gemischt aus Schwein und Rind)
gemahlener Kreuzkümmel
Chilipulver
Salz, Pfeffer
gehackte Kräuter (Petersilie, Dill oder Schnittlauch)
1 Dose geschälte Tomaten oder Tomatenpüree

Gefüllte Paprikaschoten

Ein altmodisch gewordenes Gericht, dabei kann es so pfiffig sein. Obendrein ist es vielseitig einsetzbar: im Sommer als eine hübsche kalte Vorspeise und in den kälteren Monaten als herzerwärmende Mahlzeit. Man nimmt ganz normale bunte Paprikaschoten dafür, die so genannten Glockenpaprika, gelb, rot oder grün – ganz nach Gusto. Besonders hübsch und appetitlich in ihrer schlanken Form sind auch die hellen, lindgrünen, hornartigen Paprika aus Ungarn. Davon braucht man mindestens zwei pro Person, schließlich sind sie erheblich kleiner.

In jedem Fall werden die Schoten gekappt, ausgehöhlt und ausgewaschen. Für die Füllung dünstet man zunächst Reis mit Zwiebel und Knoblauch in Öl an und gart ihn, mit etwas Brühe benetzt, vor. Alsdann wird er mit Kräutern, Hackfleisch und etwas Crème fraîche zu einer Farce vermischt, kräftig gewürzt mit Kreuzkümmel, Chili und gerösteten Pinienkernen und in die vorbereiteten Schoten gefüllt. Die gefüllten Schoten werden dann mit Fleischbrühe und geschälten Tomaten im geschlossenen Topf sanft gedünstet und in ihrer eigenen Sauce serviert.

1 Paprika knapp unterhalb des Stiels kappen, mit einem Löffel alle Kerne herausholen, die Schoten ausspülen und kopfüber abtropfen lassen.

2 Zwiebel und Knoblauch sehr fein würfeln und im heißen Öl andünsten, Reis zufügen und mitdünsten. Mit Wein ablöschen und mit der Hälfte der Brühe knapp bedecken und etwa zehn Minuten leise köcheln.

3 Inzwischen die Pistazien oder Pinienkerne mit dem zerpflückten Hackfleisch in eine Schüssel füllen und das Zwiebelreisgemisch zufügen. Alles gut vermengen, dabei die Gewürze (Kreuzkümmel, Chili, Salz und Pfeffer) einarbeiten. Zum Schluss auch die fein gehackten Kräuter. Kräftig abschmecken.

4 Diese Farce locker in die ausgehöhlten Paprika verteilen. Nicht fest andrücken, denn die Reiskörner werden noch aufgehen und brauchen Platz! Die Deckel wieder aufsetzen und die Schoten nebeneinander in einen passenden Topf setzen. Er sollte flach und breit sein, um die Schoten möglichst in einer Schicht nebeneinander aufnehmen zu können.

5 Das Tomatenpüree mit der restlichen Brühe verrühren und angießen. Aufkochen, dann zugedeckt leise etwa eine halbe Stunde köcheln. Die gefüllten Paprika in ihrer Sauce servieren.

BEILAGE

Entweder einfach frisches Brot. Oder ein sahniges Kartoffelpüree.

GETRÄNK

Dazu trinken wir einen herzhaften Weißwein, zum Beispiel einen Weißburgunder aus Rheinhessen oder einen grünen Veltliner, von dem man ja sagt, dass er in seinem Aroma an grüne Paprika erinnert. Aus der Wachau oder dem österreichischen Weinviertel.

ZUTATEN

Für vier bis sechs Personen:

1,5 kg Lammfleisch (Schulter und/oder Hals), in 3-4 cm großen Würfeln
3-4 EL Olivenöl
2 große Zwiebeln
4 Knoblauchzehen
2 EL Pistazien
2 EL Mandelstifte
1 Dose geschälte Tomaten
250 g Langkornreis
evtl. ca. 1 Tasse Brühe
Dill
1-2 Becher saure Sahne
Zitronensaft
Salz, Pfeffer
50 g Butter
1 EL Paprikapulver

Lammpilaw

Macht nicht viel Mühe, schmeckt jedem! Ein herzhaftes Ragout, in das die Beilage sozusagen gleich eingearbeitet ist. Lässt sich wunderbar vorbereiten und ist ein Essen, das man bequem auch für viele Gäste zubereiten kann.

1 Lammwürfel in Olivenöl kräftig anbraten, dann die Hitze reduzieren, fein gewürfelte Zwiebeln und gehackten Knoblauch mitdünsten, dabei auch Pistazien zufügen und/oder Mandelstifte sowie gewürfelte Tomaten mitsamt ihrem Saft. Leise etwa 30 Minuten schmurgeln, bis das Fleisch zart ist. Jetzt erst den Reis zufügen und so viel Brühe angießen, dass alles knapp bedeckt ist. Zugedeckt auf kleinem Feuer etwa 20 Minuten ausquellen lassen.

2 Zum Schluss sehr viel Dill unterrühren, der gibt dem Gericht sein typisches Aroma. Zum Essen saure Sahne auf den Tisch stellen, die mit Zitrone, Salz und Pfeffer gewürzt ist. Davon löffelt man sich über seine Bissen, die man außerdem mit Paprikabutter beträufelt. Dafür die Butter in einem Pfännchen erhitzen, das Paprikapulver darin verrühren und zwei Minuten aufschäumen lassen. In einer Saucière auf den Tisch stellen.

GETRÄNK

Hierzu kann man gut einen Rotwein trinken, etwa einen Cabernet Sauvignon, den man längst nicht mehr ausschließlich aus Bordeaux bekommt oder aus den Überseeanbaugebieten (besonders preiswert der aus Chile oder Argentinien), sondern der auch aus deutschen Landen zu haben ist, vom Kaiserstuhl etwa oder aus der Pfalz.

Gebratener China-Reis

Bei den Chinesen kann man lernen, wie aus Resten immer noch ein fabelhaftes Essen wird. Wenn zum Beispiel vom gekochten Reis etwas übrig geblieben ist, wird er im Wok gebraten und dabei mit allerlei Gewürzen, Gemüsen und vielleicht sogar noch sonstigen Resten angereichert. Sozusagen ein Spaziergang durch die Küche ... Also zum Beispiel so:

1 Die getrockneten Pilze mit kochendem Wasser bedecken und einweichen. Das Gemüse herrichten: putzen, in Scheibchen, Streifen oder Würfel schneiden. Alle Zutaten sollten etwa in gleicher Form, Stärke und Größe zugeschnitten sein.

2 Das Fleisch (man kann statt Hühnerbrust auch Rinderlende oder Schweinefilet nehmen) in feine Scheibchen oder Streifen schneiden. Mit Stärke überpudern – so bleibt das Fleisch beim Anbraten schön saftig!

3 Im Wok beide Ölsorten erhitzen, den Wok schwenken, um auch den Rand damit zu benetzen. Das Fleisch zufügen und unter Rühren braten, dabei sofort Ingwer, Knoblauch und Chili zugeben, sowie salzen und pfeffern. Nach und nach die Gemüse (ganz nach ihrer Garzeit) zufügen und mitbraten, schließlich mit Sojasauce und Zucker würzen. Den Reis untermischen. Sobald sich alles gut verbunden hat, Platz in der Mitte schaffen und dort hinein die beiden Eier schlagen, sogleich würzen (Salz und Pfeffer), verrühren und dabei immer mehr auch die anderen Bestandteile untermischen. Sofort servieren!

ZUTATEN

Für zwei bis drei Personen:

3 Tongupilze
1 EL chinesische Morcheln
insgesamt 2 Tassen geputztes, in Streifen oder Scheibchen geschnibbeltes Gemüse (Lauch, Möhren, Stangensellerie, Champignons)
150 g Hühnerbrust
1 TL Speisestärke
2 EL neutrales Öl (Erdnussöl)
1 EL Sesamöl
je 1 TL fein gewürfelter Ingwer, Knoblauch und Chili
Salz, Pfeffer
3 Tassen gekochter Reis
2 EL Sojasauce
Zucker
2 Eier

GETRÄNK

Dazu trinken wir grünen Tee oder einen jungen Riesling.

Zwiebeln

Gewürz, Gemüse? Delikatesse!

Ein Thema, das buchstäblich zu Tränen reizt. Zwiebeln sind sicher das wichtigste Gewürz und auf jeden Fall das meist verwendete Gemüse in aller Welt. Es gibt kaum ein Rezept, bei dem Zwiebeln nicht irgendwie vorkommen, von Desserts einmal abgesehen. Trotzdem führte die Zwiebel bei uns früher eher ein Schattendasein. Sie war nötig, aber man nahm sie nicht wichtig. Man nannte sie »gemeine Haushaltszwiebel«, womit natürlich nicht »bösartig« gemeint war, sondern vielmehr »gewöhnlich«. Die so genannte Haushalts- oder Küchenzwiebel hatte zwar ihren festen Platz in der Ecke der Speisekammer, die Vielfalt der eigentlich ganz schön verzweigten Zwiebelfamilie ist allerdings erst seit einigen Jahren ins kulinarische Bewusstsein vorgedrungen.
Früher kannte man allenfalls noch die kleine Perlzwiebel, die meist in einem ziemlich sauren Sud eingelegt im Glas als Silberzwiebel im Handel war. Irgendwann kam dann die hübsche junge Frühlingszwiebel hinzu, die mit ihrem jungen Grün Frische und Farbe ins Spiel brachte; sie lag appetitlich zwischen den Salaten, war empfindlich

und musste schnell verbraucht werden. Gottlob gibt es sie inzwischen längst nicht mehr nur im Frühling, sondern praktisch das ganze Jahr.
Und dann vermehrte sich das Angebot rasant: Plötzlich tauchten weiße Zwiebeln beim Händler auf, auch rote beziehungsweise blaue, die riesigen Gemüsezwiebeln aus Spanien wurden eingeführt, die so schön mild sind, dass man sie wie ein Gemüse verzehren kann. Metzgerzwiebel nannte man sie auch, vielleicht weil der Metzger Stücke davon auf seine Schaschlikspieße fädelte?
Aus Frankreich kamen die Schalotten zu uns, die sich als die feinen, eleganten Cousinen vorstellten und ziemlich hochnäsig auf ihre gemeine deutsche Verwandtschaft herunterschauten. Man kann behaupten: Es gibt kaum ein Gericht, in dem die Zwiebel nicht in wenigstens einer kleiner Menge als Gewürz vorkommt. Warum also nicht endlich mal die Zwiebel in den Mittelpunkt stellen und sie in der Hauptrolle glänzen lassen?

Zwiebeln – die reinste Medizin!

Die Zwiebel gehört zu den ältesten Gemüsen, die wir kennen. Bereits vor 5.000 Jahren wurde sie von den Sumerern geschätzt, und beim Bau der Pyramiden sollen sie die Arbeiter bei Kräften gehalten haben. Nach Mitteleuropa gelangte die Zwiebel erst im Mittelalter. Karl der Große hat angeblich ihren Anbau propagiert. Und heute ist sie auch aus unserer Küche einfach nicht mehr wegzudenken. Kein

Wunder, denn Zwiebeln geben selbst dem langweiligsten Gericht irgendwie Pep und Würze. Obendrein stecken sie voller wichtiger, kostbarer Mineralien und Vitamine. Sie liefern besonders viel Vitamin C (allerdings nur im rohen Zustand!), aber auch (und dies auch gekocht) Kalium, Kalzium und Phosphor, Natrium und Eisen. Aber das allein ist nicht der einzige Grund, warum Zwiebeln als besonders gesundheitsförderlich gelten. Man sagt ihnen ja die tollsten Eigenschaften nach: Sie wirken nervenstärkend, harntreibend, blutdrucksenkend, appetitanregend (bei knapp 40 Kalorien auf 100 Gramm darf man sie sorglos genießen), sie gelten als blutverbessernd, den Kreislauf unterstützend, sie stärken den Organismus, wirken antibakteriell und sogar tatsächlich entzündungshemmend (deshalb nützt die Zwiebelscheibe auf kleinen Brand- oder Hautwunden durchaus!). Die ätherischen Öle, die in ihr stecken, steigen uns in die Nase und in die Augen und treiben uns zu Tränen, aber helfen auch bei Erkältungskrankheiten, dienen zur Abwehr von Infektionen. Zwiebelsaft lindert anerkanntermaßen den Hustenreiz.

Tipps für den Einkauf

Ob die Zwiebeln taugen, können Sie hören: Sie müssen rascheln, wenn man am Netz zupft, in das sie meist verpackt sind. Die Knollen müssen fest wirken, straff aussehen und dürfen natürlich nirgendwo einen Keim herausstrecken. Ihre Schale sollte seidig glänzen.
Die goldbraunen Haushaltszwiebeln sollten Sie immer in verschiedenen Größen im Vorrat haben, denn mal genügt eine kleine, oft aber braucht man eine ordentliche Menge – da sind die großen Zwiebeln schneller geschält und lassen sich besser schneiden. Angefaulte Zwiebeln immer sofort auslesen, sie können die gesunden Schwestern, neben denen sie liegen, anstecken oder ihnen auch nur ihren unangenehmen Geruch mitteilen. Also regelmäßig den Zwiebelvorrat durchschauen und überprüfen.
Zu Hause lagern Sie die Zwiebeln am besten bei Zimmertemperatur, vor allem luftig. Niemals im Plastiksack oder in einem geschlossenen Gefäß, lieber in einem Korb oder in einem durchlöcherten Keramiktopf. Wenn vergessene Zwiebeln einen langen Keim entwickelt haben, ist der als Schnittlauchersatz vor allem im grünzeugarmen Winter durchaus willkommen. Weil aber die Zwiebel selbst durch diese Kraftanstrengung auszehrt, ist es nicht ratsam, auf diese Weise »Schnittlauch« zu züchten. Ausgetriebene Zwiebeln deshalb möglichst gleich verbrauchen, die noch ungekeimten Exemplare eventuell an einen kühleren Ort stellen.

Zwiebeln in der Küche

Allerwichtigste Regel: Niemals Zwiebeln angeschnitten oder gar gehackt herumliegen lassen. Sie oxydieren an der Luft und entwickeln dabei einen unangenehm strengen, oft metallisch wirkenden Geschmack, sie verfärben sich schnell, und all ihre aromatischen ätherischen Öle verfliegen alsbald. Will oder muss man sie schon eine Weile vor der Zubereitung schneiden, dann unbedingt mit einem Ölfilm schützen oder mit einer Flüssigkeit bedecken – zum Beispiel dem Essig für die Salatsauce.

Was macht man gegen Tränen?

Es hilft nichts: Zwiebeln reizen die Schleimhäute – manche Leute mehr, andere weniger. Auch haben die verschiedenen Sorten durchaus unterschiedliche Kräfte dafür. Es kann sein, dass man eine ganze Reihe Zwiebeln schneiden kann, ohne dass allzu viele Tränen fließen, bis man auf eine stößt, die ganze Sturzbäche auslöst ... Es gibt leider kein Allheilmittel dagegen. Die zahllosen Tipps sind alle nur mit Vorsicht zu genießen: Die Taucherbrille aufsetzen, unter Wasser schneiden (bitte nicht unter fließendem, sonst sind nachher alle Würfel im Ausguss!) oder am offenen Fenster, wo der Wind die schneidenden Düfte wegweht ... Manchmal hilft's, oft leider nicht, der Glaube kann dabei eine Menge beitragen.

Die Rezepte

ZUTATEN

Für vier Personen:

600-800 g Zwiebeln (hier sind große Exemplare empfehlenswert)
1 kg Kartoffeln (mehlig! Zum Beispiel Granola oder Désirée)
ca. 600 g Rinderhesse, -wade, Bugstück
1 gehäufter TL Salz
je 1 TL weiße und schwarze Pfefferkörner
2 Pimentkörner
1 Stück Muskatblüte oder 1 Msp. frisch geriebene Muskatnuss
1 EL getrockneter Majoran
200 g süße Sahne
200 g Crème fraîche

Spanisch Fricco

Unser absolutes Lieblingszwiebelrezept! Weiß der Himmel, warum es so heißt. Es stammt ursprünglich von Henriette Davidis, der Urmutter der neuzeitlichen Kochbuchliteratur. Vermutlich hat sie es so genannt, weil eine große Menge Pfeffer darin verwendet wird, und den hat sie offenbar aus Spanien herkommend vermutet. Jedenfalls gehören neben den Zwiebeln viele Kartoffeln hinein, und für den Geschmack auch noch ein bisschen Rindfleisch. Wir haben das Rezept immer wieder abgewandelt und dabei festgestellt: Nötig ist das Fleisch eigentlich nicht. Einmal haben wir vergessen, es hineinzutun, und das Gericht hat trotzdem herrlich geschmeckt. Sehr köstlich schmeckt Spanisch Fricco auch mit Hasenfleisch oder ganz vegetarisch mit Pilzen. Diesmal bleiben wir aber beim klassischen Rezept, damit die Zwiebeln schön zur Geltung kommen.

Eigentlich benötigt man für dieses Gericht eine Puddingform aus Glas, Keramik oder Edelstahl. Auf keinen Fall ist eine Form aus Aluminium geeignet, weil die Zwiebeln in diesem Metall eine scheußliche Farbe und unangenehmen Geschmack annehmen. Wer keine derart geschlossene Form besitzt, kann jedoch getrost eine hohe Auflauf- oder eine Guglhupfform nehmen, die man dann mit Folie verschließt.

1 Zwiebeln und Kartoffeln schälen und in Scheiben beziehungsweise Ringe hobeln, das Rindfleisch in Würfel von zwei Zentimetern schneiden.

2 Salz, Pfefferkörner, Piment, Muskatblüte oder Muskat und Majoran im Mörser fein zerreiben. Kartoffelscheiben und Zwiebelringe abwechselnd in eine feuerfeste Puddingform schichten, jede Schicht mit dieser Mischung würzen, dazwischen die Fleischwürfel betten und ebenfalls würzen. Schließlich Sahne und Crème fraîche verquirlen und die Form damit auffüllen. Die Flüssigkeit sollte die Oberfläche erreichen – gegebenenfalls also noch etwas Sahne hinzufügen. An der Form rütteln, damit die Flüssigkeit sich überall gut verteilt.

3 Die Form mit einem Deckel oder mit Alufolie gut verschließen, in einen Topf stellen, der sie bequem aufnimmt. So viel heißes Wasser angießen, dass die Form bis zwei, drei Zentimeter unter dem Rand davon umgeben ist. Das Wasser zum Kochen bringen und leise siedend halten.

4 Den Spanisch Fricco auf diese Weise drei bis vier Stunden garen, dann sind die Kartoffeln und Zwiebeln schmelzend weich. Falls man mit einer hohen Auflaufform arbeitet, diese mit Folie gut verschließen und am besten in einem passenden Bräter stellen, der mit heißem Wasser gefüllt ist. Im Backofen bei 150 °C ebenfalls drei bis vier Stunden garen.

BEILAGE

Dazu gehört unbedingt ein Salat. Am liebsten mögen wir einen Endiviensalat, fein geschnitten und mit reichlich fein gewürfelten Zwiebeln (!), Estragonessig und Olivenöl angemacht.

GETRÄNK

Und als Wein passt zu der sahnigen, zwiebelduftenden Sache am besten ein Spätburgunder, etwa eine Spätlese »R« (für »Reserve«) aus Baden, vom Weingut Kopp.

Warum Spätburgunder? Weil erstklassige, gut gemachte und in kleinen Holzfässern (Barriques) ausgebaute Weine aus dieser edlen, aber empfindlichen Rebsorte über

- eine wunderbare Frucht verfügen und damit hervorragend zu den Fleischaromen passen,
- ihr voller Körper hervorragend mit der sahnigen Fülle dieses Gerichtes zusammengeht (und auch den begleitenden Salat auffängt),
- die typische Süße eines solchen vollen, spät gelesenen Weines mit der Süße der Zwiebeln eine perfekte Einheit eingeht,
- die im klugen Fassausbau entstandenen so genannten »Sekundäraromen« und die längere Reife mit der Würze des Pfeffers harmonieren,
- die ausgeprägte, die Fruchtigkeit unterstützende Säure diätetisch sinnvoll ist, weil sie das in der Sauce enthaltene Fett aufzulösen hilft.

Also: Ein ganzes Bündel von Überlegungen, die dazu führen, zu diesem Gericht einen Spätburgunder für sinnvoll zu halten. Zumal wir in Deutschland in den letzten Jahren eine richtige Renaissance dieses Weines erlebt haben und inzwischen nicht nur in Assmannshausen, an der Ahr und am Kaiserstuhl international reputierte Weine erzeugt werden, sondern in fast allen Anbaugebieten Deutschlands.

Feiner Zwiebelkuchen

So elegant, wie er sich hier präsentiert, ist er eine feine Vorspeise oder ein Happen zum Glas Wein. Statt des sonst üblichen eher deftigen Hefeteigs nehmen wir als Boden einen butterreichen Mürbeteig. Er wird mit einer guten Portion leuchtend gelbem Currypulver gewürzt. Das ist nicht nur wegen der Farbe witzig, sondern passt sehr gut zur ansonsten ja eher sanften Zwiebelfüllung. Hier kann man übrigens mit den verschieden Zwiebelsorten auch wunderbar unterschiedliche Effekte erzielen: feine Schalotten, sanfte weiße Zwiebeln, dekorative rote Zwiebeln …

1 Aus Mehl, Butter und Ei rasch einen Mürbeteig kneten, dabei Salz und Currypulver einarbeiten. Den appetitlich gelben Teig in einem Gefrierbeutel eine halbe Stunde kalt stellen – nicht länger, sonst wird er zu hart und lässt sich nicht mehr gut ausrollen.

2 Die Zwiebeln schälen und fein würfeln – das gelingt am schnellsten mit Hilfe des Juliennehobels! Sehr langsam in der Butter weich dünsten, sie sollen dabei kaum Farbe annehmen. Deshalb geschieht das am besten in der Mikrowelle: In einer Schüssel mit Butterflöckchen bedeckt, zusätzlich mit Klarsichtfolie zugedeckt, auf stärkster Stufe circa zehn Minuten.

ZUTATEN

Für vier bis sechs Personen: (1 Springform von 26 cm Durchmesser) oder 6 Portionsförmchen à 10 cm:

Mürbeteig:
250 g Mehl
150 g Butter
1 kleines Ei
½ TL Salz
1 TL Currypulver

Belag:
500 g Zwiebeln
50 g Butter
100 g luftgetrockneter Speck
200 g Sahne
200 g Crème fraîche
3 Eier
2 Bund Schnittlauch
Salz, Pfeffer
Cayennepfeffer
1 Schuss Worcestershiresauce
einige Tropfen Balsamico
Muskat

3 Die dünn aufgeschnittenen Speckscheiben aufeinander stapeln und quer in feine Streifen schneiden. Die Sahne und Crème fraîche mit den Eiern verquirlen, schön kräftig würzen. Jetzt alles gut mischen: gedünstete Zwiebel, Speckstreifen und Eiersahne.

4 Den Teig dünn ausrollen, am besten auf dem aufgeschlitzten Gefrierbeutel, denn mit dessen Hilfe lässt sich der dünne Boden leicht in die Form bugsieren und glatt auslegen. Rundum den Rand gleichmäßig hochziehen. Die vorbereitete Füllung eingießen. Die Form jetzt auf die unterste Schiene des auf 220 °C vorgeheizten Backofens stellen und wenn möglich Unterhitze einschalten. Dann kann man es sich sparen, den Boden vorzubacken.

5 Wer keine Mikrowelle hat, dünstet die Zwiebeln in der Pfanne langsam weich. In diesem Fall kann man den Speck zuvor in der heißen Butter kurz andünsten.

6 Den Zwiebelkuchen 35 Minuten backen, bis der Boden knusprig ist und die Eiersahne gestockt. Er schmeckt am besten noch lauwarm, also frisch aus dem Ofen.

BEILAGE

Ein grüner Salat mit viel Schnittlauch und am liebsten mit Zitronensaft statt mit Essig angemacht.

GETRÄNK

Ein herzhafter Gutedel, zum Beispiel aus dem Markgräflerland, vom Weingut Dörflinger oder Schlumberger oder auch ein Silvaner Kabinett vom Kaiserstuhl.

Gefüllte Zwiebeln

Hierfür brauchen wir die dicken großen Gemüsezwiebeln, die so wunderbar mild sind. Sie roh auszuhöhlen ist mühsam, man sollte sie also zunächst einmal vorgaren. Das kann ganz einfach im Dampfgarer oder in Salzwasser im Kochtopf geschehen. Und das herausgelöste Fleisch kommt dann zur Hälfte in die Füllung, die andere Hälfte würzt das Kartoffelpüree!

1 Die Zwiebeln schälen und knapp mit Salzwasser bedeckt oder im Dampfgarer 20 Minuten kochen. Dann herausheben, etwas abkühlen lassen und schließlich aushöhlen. Dabei einen Rand von zwei, drei Zwiebelhäuten stehen lassen. Das Innere fein würfeln und mit der fein gehackten Petersilie und Knoblauch mischen.

2 Das Brötchen mit heißer Milch bedecken und einweichen. Gut ausgedrückt mit Hackfleisch, Ei, Crème fraîche, Kräutern und Gewürzen mischen. Sehr würzig abschmecken. Diese Farce in die Zwiebeln füllen, schön aufhäufen und etwas festdrücken. Den Zwiebelsud aus dem Topf in einen Krug abgießen. Die gefüllten Zwiebeln in diesem Topf in heißem Öl anbraten. Schließlich so viel Zwiebelsud angießen, dass die Zwiebeln zur Hälfte davon umgeben sind. Zugedeckt etwa 30-40 Minuten schmoren, bis die Hackfleischfüllung gar ist.

ZUTATEN

Für vier bis sechs Personen:

6-8 mittelgroße Zwiebeln
Salz
1 Bund Petersilie
2 Knoblauchzehen
1 altbackenes Brötchen
1/8 l Milch
500 g gemischtes Hackfleisch
1 Ei
1 EL Crème fraîche
1 gehäufter EL scharfer Senf
Salz, Pfeffer
1 TL Dillsamen oder Kümmel
Olivenöl
ca. 1/2 l Brühe

Zwiebel-Kartoffelpüree:
1 kg Kartoffeln
500 g Zwiebeln
Salz
1/4 l Milch
1 guter Schuss Sahne
1 EL Butter
Muskat
Cayenne und Pfeffer

3 Zu den gefüllten Zwiebeln passt ein sahniges Kartoffelpüree, das besonders würzig schmeckt, wenn man einige Zwiebeln (auch das ausgelöste Innenleben der Zwiebeln, s.o.) mitkocht und zusammen mit den Kartoffeln durch die Presse drückt. Kartoffeln und Zwiebeln also schälen, grob würfeln und in Salzwasser weich kochen. In ein Sieb schütten, die Milch im selben Topf erhitzen und salzen. Kartoffeln und Zwiebeln durch die Presse hineindrücken oder, besser noch, durch die Gemüsemühle drehen. Sahne und Butter unterrühren, mit Muskat, Cayenne und Pfeffer abschmecken: ein richtiges Geburtstagsessen!

GETRÄNK

Dazu schmeckt ein satter, strotzender Wein wie ein Weißburgunder aus Franken, zum Beispiel vom Weingut Fürst. Als Spätlese hat er genügend Kraft, sich gegen die Süße der Zwiebel und das herzhafte Hackfleisch durchzusetzen.

Zwiebeln aus dem Wok mit Lamm

Auch in den Küchen Asiens spielen Zwiebeln eine wichtige Rolle. Auf starkem Feuer im heißen Wok gebraten karamellisiert der in ihnen reichlich enthaltene Zucker, sie bleiben in der kurzen Garzeit knackig und schmecken fast süß – das wirkt sehr verblüffend und ist natürlich blitzschnell gemacht. Hier ein Rezept aus Vietnam:

1 Das Fleisch in dünne Scheiben, diese dann quer in schmale Streifen schneiden. Mit etwas Sojasauce und Sesamöl in einer Schüssel vermengen und eine halbe Stunde marinieren.

2 Inzwischen die Zwiebeln in Segmente schneiden. Frühlingszwiebeln putzen, das Weiße in feine Ringe, das Grün in halbzentimeterbreite Stücke schneiden. Das Zitronengras von den äußeren, harten Blättern befreien, den saftigen, zarten Kolben quer in sehr feine Ringe schneiden. Unmittelbar bevor serviert werden soll, das Fleisch abtropfen lassen und mit Speisestärke überpudern.

ZUTATEN

Für vier Personen:

250 g Lammrücken (ausgelöst, von Sehnen und Flechsen befreit)
2 EL Sojasauce
1 EL Sesamöl
2 mittelgroße Haushaltszwiebeln
1-2 Frühlingszwiebeln
1 Knolle Zitronengras
1 TL Speisestärke
2 EL neutrales Öl
je 1 TL fein gewürfelter Ingwer, Knoblauch
nach Belieben auch 1-2 Chilischoten (frisch und fein gewürfelt oder getrocknet und dann zerkrümelt)
Salz
1 Prise Zucker
2 EL Brühe
2 EL Sherry
Koriandergrün und/oder Thaibasilikum

3 Das Öl im Wok sehr heiß werden lassen, zuerst die Zwiebelsegmente darin unter Rühren anbraten. Dann die Fleischstreifen hineingeben und sofort mit der Rührschaufel umwenden, damit sie nicht festkleben. Sogleich Ingwer, Knoblauch und Chili zufügen und salzen. Das Weiße der Frühlingszwiebeln und das Zitronengras dazugeben. Alles unter Rühren braten, bis die Zwiebeln schöne Bratspuren zeigen und das Fleisch braun ist. Mit Zucker würzen, restliche Sojasauce und Sesamöl angießen, auch Sherry und Brühe. Zum Schluss die abgezupften, nur grob gehackten Kräuter hineinstreuen und sofort servieren.

BEILAGE

Natürlich duftiger, lockerer Reis!

GETRÄNK

Ein blumiger Weißwein, ein Traminer etwa oder ein Sauvignon.

RISTORANTE

Pizza

Superknusprig, superlecker, superleicht!

Es gibt Leute, die sagen, wenn man sie einlädt: *»Aber bitte, keine Umstände, eine Pizza genügt!«* Wenn das jemand zu uns sagt, dann erklären wir meist: *»Pizza? So viel Arbeit wollten wir uns eigentlich nicht machen!«*
Dass Pizza inzwischen nur noch als Fertigware aus dem Tiefkühlregal gesehen wird, finden wir richtig schade. Denn wir lieben Pizza und halten sie für eine der größten Erfindungen der Kochkunst. Aber natürlich meinen wir nicht das Ding aus der Tiefkühlkostfabrik! Eine richtige Pizza muss frisch aus dem Ofen kommen, ganz dünn sein, einen unglaublich knusprigen Boden haben, der Belag muss brodeln, der Käse kochen, der Schinken glühen ... dann gehört sie zum Besten auf der Welt!
Was lernen wir daraus? Ein bisschen Mühe muss man sich schon geben! Zunächst also den Teig selber machen. Das ist nicht weiter schwierig: gutes Mehl, ein Anteil von gröber ausgemahlenem Mehl (also von der Type 550) darin gibt dem Teig mehr Kraft - echte Bierhefe lässt ihn richtig gehen, verstärkt den Geschmack und erhöht

die Knusprigkeit! Und: Es genügen nicht einfach Tomaten aus der Packung oder aus der Dose als Belag! Man kann sie ruhig verwenden, sollte aber unbedingt zuvor eine Sauce daraus kochen!
Auch ist für eine gute Pizza der richtige Käse unerlässlich: Mozzarella di Bufala muss es sein, also der aus Büffelmilch. Nur dieser Käse hat den nötigen Geschmack und bekommt die richtige Konsistenz. Kuhmilchmozzarella wird zäh und ist obendrein weitgehend geschmacksfrei. Man braucht gar nicht viel davon (dies an alle, die meinen, der Büffelkäse sei zu teuer) – deshalb schneidet man die Käsekugel ruhig in kleine Würfel, sie zergehen in der Ofenhitze auf der Pizza und verbinden sich mit der Sauce. Nur so entsteht der charakteristische Geschmack. Den unterstützt außerdem eine großzügige Prise Oregano, das typische Pizzagewürz, mit dem alles bestreut wird. Salz und Pfeffer nicht vergessen! Und das Allerwichtigste zum Schluss: Bevor die Pizza in den Ofen kommt, wird alles mit Olivenöl beträufelt. Großzügig! Das Öl ist wichtig, weil es auch an der Oberfläche für ordentlich Hitze sorgt. Fehlt dieses Öl, schmeckt die Pizza leicht langweilig und gerät zu trocken.
Dann sofort in den Ofen damit, auf keinen Fall den belegten Teigfladen auch nur einen Moment stehen lassen, sonst weicht er durch und wird matschig.
Und schließlich ist entscheidend: die richtige Hitze. Dann kann man bereits nach einer bis höchstens zwei Minuten die knusprige Pizza aus dem Ofen holen. Und deshalb braucht man zum Pizzabacken einen Stein.

Pizzabacken auf dem Pizzastein!

Der Pizzastein, was ist das eigentlich? So etwas habe ich nicht, werden Sie sagen. Dann besorgen Sie sich einen! Wir behaupten, ohne einen solchen Stein kann man gar keine richtige Pizza backen! Es handelt sich um eine Platte aus Schamott, die Sie beim Ofensetzer

bekommen. Messen Sie Ihren Ofen genau aus, die Platte sollte gerade eben auf dem Ofenboden Platz finden, ihn ausfüllen, aber rundum einen schmalen Rand lassen, damit Luft zirkulieren kann. Sollte der Boden Ihres Backofens platt sein, also keine Rillen aufweisen, müssen Sie diesen Stein auf einen Rost legen, sonst bildet sich ein Hitzestau, den der Backofen Ihnen übel nehmen könnte.
Den Backofen auf volle Hitze vorheizen, etwa eine Stunde; wenn Sie können, schalten Sie dabei auf Intensiv oder auf Unterhitze.
Auf diesem so vorgeheizten Stein klappt das auch bei Ihnen mit der Pizza – vielleicht nicht in einer, aber garantiert in zwei, höchstens drei Minuten!
Manche Backöfen bieten einen solchen Schamottstein als Sonderausstattung. Dann kann man ihn mit Hilfe einer Heizschlange, die sich einfach einstöpseln lässt, entsprechend vorheizen. Auch diese Schamottplatte muss etwa eine Stunde vorgeheizt werden, bis sie die nötige Hitze gespeichert hat. Falls Sie diese Energie schmerzt, ist es klug, gleich eine doppelte Menge Teig vorzubereiten und anschließend im ausgeschalteten Ofen in der nachlassenden Hitze noch Brot oder Kuchen zu backen. Der Schamottstein hat so viel Hitze gespeichert, dass er noch sehr lange genügend Hitze dafür abgibt! Auch für einen Braten, der, nachdem er bei höchster Heizstufe angebraten wurde, im ausgeschalteten Ofen auf dem noch lange Hitze liefernden Stein nachziehen kann.
Und wenn Ihnen all das zu viel Aufwand ist, Sie aber trotzdem unsere Pizza ausprobieren wollen, dann nehmen Sie Ihr ganz normales Backblech, das Sie auf der untersten Schiene im Ofen oder auf dem Boden selbst vorheizen, bis etwas Mehl, das Sie darauf schütten, rasch bräunt, sogar schwarz wird und schupsen dann die belegte Pizza mit Schwung drauf: Sie werden sehen, auch diese Pizza hat was!

Die Transportschaufel und anderes Werkzeug

Eine Transportschaufel ist unerlässlich, um die rohe Pizza mitsamt Belag von der Arbeitsplatte in den Ofen zu befördern. Normalerweise ist dieser Pizzaheber aus Holz, die Schaufelfläche halbrund, etwa so groß wie eine Springform und vorn etwas abgeflacht, damit man damit unter den Teigfladen fahren kann. Man bekommt das Ding im Fachhandel, in Geschäften, die sich auf Küchenutensilien spezialisiert haben oder auch im Baumarkt. Notfalls kann man sich auch mit einer Tortenplatte (Tortenheber) behelfen, natürlich aus Metall, nicht etwa aus Plastik!
Nützlich für den Hobbypizzabäcker ist außerdem der Pizzaschneider – ein Gerät, das aussieht wie ein großes Teigrädchen und mit dem man die Pizza in mundgerechte Stücke schneiden kann. Nach Belieben in Rauten, in Streifen oder Tortenstücke – so kann man sie aus der Hand verspeisen. Mit diesem Rad lässt sich der knusprige Fladen erheblich besser und akkurater teilen als mit jedem Messer, weil es auch den weichsten Belag unbeeindruckt durchdringt.

Der Teig

Es ist ein Hefeteig, und zwar meist ganz einfach aus dem üblichen Haushaltsmehl der Type 405. Gern mischt man auch ein etwas gröber ausgemahlenes Mehl unter, Type 550 oder sogar 1050 – wie für einen Brotteig eben. Schließlich ist ein Pizzateig ja nichts anderes. Auf italienische Art wird er jedoch nicht nur mit Salz gewürzt, sondern auch mit einem guten Schuss Olivenöl. (Das im Übrigen auch in die Ciabatta gehört, das herrlich knusprige italienische Weißbrot.) Was die Hefe angeht, so stellt man mit Erstaunen fest, dass man in Italien erheblich weniger davon verwendet, als unsere Rezepte das angeben. Auf ein Kilo Mehl genügt ein halber Würfel. Und wenn man einen Brotbäcker fragt, dann bestätigt der gern: je weniger Hefe, desto geschmackvoller der Teig, denn Hefe frisst Aroma, nimmt dem Mehl also seinen typischen Geschmack. Zum Gehen bringen kann auch eine kleine Menge Hefe den Teig, er ist ja nicht schwer, die Hefepilze müssen sich nicht durch Fett und andere mächtige oder beschwerende Zutaten durcharbeiten.
Wir haben festgestellt, dass frische Bierhefe nicht nur besser schmeckt, sondern auch besser wirkt, also kraftvolleren Schub gibt als Trockenhefe: Der Teig wird lockerer, das Brot (oder welches Backwerk auch immer) krumiger und bekommt schönere Poren.

Die Rezepte

Grundrezept Pizzateig

ZUTATEN

Für sechs Personen:

1 kg Weizenmehl (Type 405, halb Type 405 und Type 550 oder eine Mischung aus einem Drittel Type 1050 und Type 405)
20 g Hefe (½ Würfel)
evtl. 1 Prise Zucker
ca. 650-750 ml lauwarmes Wasser
1 gehäufter TL Salz
2-3 EL Olivenöl

1 Das Mehl in die Rührschüssel der Küchenmaschine schütten. Die Hefe in einer Tasse voll lauwarmem Wasser auflösen, die Zuckerprise zufügen – sie dient den Hefepilzen als Starthilfe. Diese Mischung mit Schwung ins Mehl kippen, wobei sich die Flüssigkeit mit dem Mehl vermischt.

2 Diesen Vorteig zugedeckt zehn Minuten gehen lassen. Sobald sich Blasen zeigen, Salz sowie Öl zufügen. Die Maschine einschalten und auf mittlerer Geschwindigkeit arbeiten lassen, dabei langsam, in gleichmäßigem Strahl, das restliche warme Wasser zufügen. Nur so viel, bis ein weicher Teig entstanden ist, der sich glatt vom Schüsselrand löst. Den Teig jetzt aus der Rührschüssel heben, stets nur mit bemehlten Händen anfassen, damit nichts klebt, etwas durchwalken und dann in eine große, mit Mehl ausgestreute Schüssel betten. Unter einem Tuch an einem warmen Ort mindestens eine Stunde gehen lassen.

3 Für eine Pizza den Teig immer sehr dünn ausrollen, auf einer stets gut bemehlten Fläche, damit der belegte Teigfladen sich gut von der Arbeitsfläche heben lässt.

Die Focaccia

Sie ist, wenn man so will, die Urform der Pizza, nämlich völlig ohne Belag – so simpel wie großartig. Hierfür wird einfach ein Hefeteigfladen zweifingerdick ausgerollt, dann drückt man mit den Fingern Dellen hinein: in diesen Vertiefungen kann sich das Olivenöl sammeln, mit dem der Fladen schließlich begossen wird. Es wird nur noch mit grobem Meersalz gewürzt, eventuell auch mit ein paar frischen Rosmarinnadeln, der Fladen schließlich hellbraun gebacken, bis das Öl in seinen Vertiefungen brodelt. Ein herrlich knuspriger Leckerbissen – zum Glas Wein, aber auch statt Brot.

Natürlich kann man diese spartanische Form der Focaccia ebenfalls verfeinern und anreichern. Vor allem in Ligurien hat man eine Vielzahl von Belägen entwickelt, die sich jedoch von der Pizza immer deutlich unterscheiden, weil keine Tomatensauce als Basis verwendet wird. Man kann also Anchovis, Salami, Schinkenstückchen auf der Oberfläche verteilen, Käse (halbfest, Schnittkäse oder sogar Blauschimmel), Zwiebelringe, Zucchinischeiben – aber stets nur wenig, sozusagen als Gewürz, nicht wirklich als flächendeckenden Belag.

Der Pizzabelag

Es sei einfach unsäglich, was die Menschen alles auf die Pizza schmeißen, beschwert sich Antonio Pace, der Präsident der Vereinigung zum Schutz der wahren Pizza, »Pizza verace neapolitana«: »Die Pizza ist wie das Rad, einfach perfekt. Sie ist bereits die Krone der Schöpfung, da muss man nicht weiter herumexperimentieren!« Ihm geben wir insoweit Recht, als es klassische Regeln für den Belag gibt, die nicht zu verbessern sind. Grundlage ist in jedem Fall die

Pizzaiola

Das ist jener berühmte klassische Tomatensugo, der auch jede Pasta adelt und den man immer im Vorrat haben kann, eingefroren oder im Glas sterilisiert, und den man in großen Mengen zubereiten sollte, beispielsweise, wenn in der Tomatensaison die Früchte massenhaft, in bester Qualität und zu günstigem Preis zu haben sind.

ZUTATEN

Für sechs Personen:

1 kleine Zwiebel
2-4 Knoblauchzehen
2-3 EL Olivenöl
1 große Dose geschälte Tomaten oder gehacktes Tomatenfleisch
1-2 EL Tomatenkonzentrat (Tomatenmark)
1 kleines Glas Rotwein (0,1 l)
1 Rosmarinzweig
3-4 Petersilienstängel
1 kleine Chilischote (nach Geschmack)
1 TL getrockneter Oregano
Salz, Pfeffer

1 Zwiebel und Knoblauch schälen, sehr fein würfeln oder sogar reiben und im heißen Öl in einem flachen, weiten Topf oder in einer tiefen Pfanne andünsten, jedoch keine Farbe annehmen lassen.

2 Die Tomaten mitsamt ihrem Saft hinzufügen, das Tomatenmark unterrühren, mit Rotwein auffüllen.

3 Rosmarin, Petersilienzweige, Chili und Oregano zufügen. Salzen und pfeffern. Diese Sauce nunmehr ohne Deckel auf ganz kleinem Feuer leise mindestens eine halbe Stunde, ruhig auch eine Stunde und länger, köcheln lassen. Immer wieder mit einem Schuss Rotwein ablöschen, aber nicht mehr als ein kleines Gläschen nehmen, sonst färbt sich die Sauce zu sehr rotweinrot. Weil anschließend viel Flüssigkeit verdampft, immer wieder einen Schuss Wasser angießen und umrühren.

4 Die Sauce sollte zum Schluss sehr dick, fast wie eine weiche, streichfähige Paste sein und aromatisch duften.

Wichtig: Diese Tomatensauce muss möglichst dünn, aber unbedingt gleichmäßig aufgetragen werden. Verteilt man sie zu dünn, schmeckt die Pizza langweilig, ist sie zu dick, ertrinkt der Boden unter der Menge und wird matschig. Und: stets rundum einen akkurat halb fingerschmalen Rand lassen – dort, wo der Teig unbestrichen bleibt, geht er in der Ofenhitze hoch und bildet einen appetitlichen Rand, der den Belag vorm Herunterlaufen bewahrt und außerdem schön knusprig wird. Es ist also wichtig, dass dieser Rand immer sehr schmal gehalten ist, denn ein zu breiter Rand ist kein Vergnügen!

PIZZAVARIATIONEN

Es passen alle Zutaten auf eine Pizza, die in ihrem Charakter in die Region gehören – also nach Italien, genauer nach Neapel, woher die Urpizza eigentlich stammt. Und alles, was starke Ofenhitze verträgt. Man kann also von A wie Anchovis bis Z wie Zucchini die Palette der italienischen Lebensmittel auskosten. Zutaten wie Lachs, Kaviar oder Ananasscheiben haben darauf nichts zu suchen, sind nicht einmal originell, weil sie in der Hitze des Pizzaofens kaputtgehen. Und wer frische Kräuter darauf haben will, zum Beispiel Rucola, muss sie zum Schluss, das heißt, nachdem die Pizza den Ofen verlassen hat, darauf streuen. So einfach ist das!

ZUTATEN

Für sechs bis acht Personen:

1 Portion Pizzateig (siehe S. 44)
1 Rezept Pizzaiola (siehe S. 46)
200 g Mozzarella
Salz, Pfeffer
Oregano
Olivenöl
Basilikum

Pizza Margherita

Sie wurde Ende des letzten Jahrhunderts vom Pizzabäcker Raffaele Esposito für Königin Margherita aus der Taufe gehoben, die damals im Schloss Capodimonte in Neapel Ferien machte. Ganz viel grünes Basilikum, weißer Mozzarellakäse und rote Tomaten lassen die Pizza in den Landesfarben leuchten, wobei das Basilikum (s.o.) entweder erst auf dem Teller darüber verteilt wird oder vor dem Backen unter dem Mozzarella versteckt und so vor zu viel Hitze geschützt wird.

Den Teig in Portionen teilen und jeweils dünn auswellen. Mit Tomatensauce (Pizzaiola) bestreichen. Mozzarella würfeln und jeweils auf der Oberfläche verteilen, alles salzen, pfeffern und mit Oregano bestreuen. Zum Schluss mit Olivenöl beträufeln. In den Ofen schieben und je nach Hitze ein bis zehn Minuten backen, der Boden muss knusprig sein und schön gebräunt, der Belag brodeln. Die heiße Pizza großzügig mit zerzupftem Basilikum bestreuen.

Vier-Jahreszeiten-Pizza – Quattro Stagioni

Jedes Viertel der Pizza wird verschieden belegt, und zwar farblich aufeinander abgestimmt: Ganz nach Jahreszeit das, was gerade Saison hat. Ein Viertel mit ein paar Champignons, die in Butter mit Zwiebeln angedünstet wurden. Das zweite mit Scheibchen von Salsicce, den kleinen luftgetrockneten italienischen Würsten. Das dritte Viertel mit Mozzarella und frisch gekochten oder in Öl eingelegten Artischockenherzen. Das letzte Viertel schließlich mit Thunfisch und/ oder Sardellen. Man kann natürlich seine Fantasie spielen lassen und auflegen, was der Kühlschrank gerade bietet: grüne oder schwarze Oliven, Kleckse von Olivenpaste, Schinkenfleckerl, Salamischeiben, Würfel von getrockneten (und natürlich eingeweichten) Tomaten etc. Wichtig: Die Viertel müssen deutlich voneinander getrennt sein, sonst wird es eine Pizza Capricciosa, also eine Pizza mit allem.

Pizza Marinara

Auch eines der klassisches, supereinfachen Rezepte: Die Pizzen formen, mit Pizzaiola bestreichen, mit Knoblauchscheibchen bedecken, dazwischen reichlich Sardellenfilets, viel grober schwarzer Pfeffer, kein Salz (Anchovis sind salzig genug), aber reichlich Olivenöl – knusprig backen! Zum Schluss frische Kräuter darüber streuen, zum Beispiel Ruccola oder glatte Petersilie.

Pizza Quattro Formaggi

Wieder ist die Basis die wohlgewürzte Pizzaiola (Rezept Seite 46). Man kann Oliven darauf verteilen, auch Schinkenflecke oder Salamischeibchen. Und als Käse auf jedes Viertel eine andere Sorte: Gorgonzola, junger Ziegenkäse, Mozzarella und Parmesan – Letzteren natürlich frisch gerieben. Wie immer Oregano, Pfeffer, und vor allem das Olivenöl nicht vergessen!

Pizza Toscana (mit Cocktailtomaten)

ZUTATEN

Für vier bis sechs Personen:

1 Portion Pizzateig (siehe S. 44)
1 Rezept Pizzaiola (siehe S.46)
500 g Cocktailtomaten
4-5 Stängel Bleichsellerie
1 Bund Frühlingszwiebeln
100 g Salami
150 g Gorgonzola
Salz, Pfeffer
4 EL Olivenöl

1 Den Teig wie beschrieben zubereiten und sehr dünn ausrollen. Jeweils dünn mit Tomatensauce einstreichen.

2 Die kleinen Tomaten häuten, halbieren und auf der Teigfläche verteilen. Selleriestangen quer in dünne Scheiben, Frühlingszwiebeln in schmale Ringe schneiden und auf die Pizzen streuen.

3 Speck oder Schinken in Streifen zupfen und ebenfalls auf der Oberfläche anordnen. Den Käse grob würfeln und in größeren Abständen dazwischensetzen.

4 Salzen, pfeffern und mit Olivenöl beträufeln. Wie im Grundrezept (Seite 48) beschrieben backen.

Pizza Martina

1 Teig wie beschrieben zubereiten und dünn ausrollen. Jeweils mit Pizzaiola bestreichen.

2 Aubergine und Zucchino in knapp zentimeterkleine Würfel schneiden, die Zwiebel fein würfeln. In zwei Löffeln Öl in einer beschichteten Pfanne langsam kross und braun braten. Erst wenn sie fast gar und schön gebräunt sind, die gewürfelten Knoblauchzehen sowie die Pinienkerne dazwischenstreuen. Schließlich salzen und pfeffern.

3 Auf den Pizzaböden verteilen, ebenso den in feine Streifchen geschnittenen Speck, gewürfelte Mozzarella und die in Streifen geschnittene Petersilie.

4 Salzen, pfeffern und mit dem restlichen Öl beträufeln. Backen. Erst dann die Kapern auf der Oberfläche verteilen.

ZUTATEN

Für vier bis sechs Personen:

1 Portion Pizzateig (siehe S. 44)
1 Portion Pizzaiola (siehe S. 46)
1 Aubergine
1 Zucchino
1 Zwiebel
4 EL Olivenöl
3 Knoblauchzehen
2 EL Pinienkerne
Salz, Pfeffer
75 g luftgetrockneter Speck in hauchdünnen Scheiben
200 g Mozzarella
1 Bund glatte Petersilie
2-3 EL winzige Kapern

Pizza mit Schinken

1 Den Teig wie beschrieben zubereiten und dünn ausrollen. Jeweils dick mit Pizzaiola bestreichen.

2 Den Schinken in Stücke reißen, Oliven entsteinen, Mozzarella würfeln. Gleichmäßig auf den Pizzaböden verteilen.

3 Mit Salz, Pfeffer, zwischen den Händen zerrebeltem Oregano würzen und mit Olivenöl beträufeln. Backen.

ZUTATEN

Für vier bis sechs Personen:

1 Portion Pizzateig (siehe S. 44)
1 Portion Pizzaiola (siehe S. 46)
150 g gekochter Schinken (in dünnen Scheiben)
100 g schwarze Oliven
250 g Mozzarella
Salz, Pfeffer
Oregano
Olivenöl zum Beträufeln

ZUTATEN

Für vier bis sechs Personen:

1 Portion Pizzateig (siehe S. 44)
1 Portion Pizzaiola (siehe S. 46)
100 g Salami in dünnen Scheiben
200 g Champignons
Zitronensaft
Salz, Pfeffer
1 Hand voll eingelegte Peperoncini
2 Frühlingszwiebeln
150 g Mozzarella
3 EL Olivenöl

Pizza mit Champignons

1 Den Teig wie beschrieben zubereiten und ausrollen. Mit Pizzaiola bestreichen. Die Salami zerzupfen und darauf verteilen.

2 Champignons waschen, in dünne Scheiben hobeln, in Zitronensaft wenden und auf den Teigböden anordnen. Salzen und pfeffern.

3 Die Peperoncini je nach Größe ganz lassen oder längs halbieren. Frühlingszwiebeln in feine Ringe schneiden. Den Käse würfeln. Alles auf den Pizzen verteilen, zum Schluss Olivenöl darüber träufeln. Backen.

Pizza Calzone

Angeblich soll diese Pizza durch das Ungeschick eines Pizzaiolos, eines Pizzabäckers also, entstanden sein, dem die Pizza beim Einschießen in den Ofen aus Versehen zusammengeklappt ist. Pizza »Hose« heißt diese Variante, also weil die Füllung »angezogen« ist. Sie wird nur auf einer Hälfte der Pizza verteilt, der Boden dann zusammengeklappt, und damit alles auch wirklich drin bleibt, wird der Saum rundum zugeknifft. Während man die Pizza eigentlich aus der Hand isst, verspeist man den Calzone besser mit Messer und Gabel vom Teller, sonst tropft die Füllung heraus. Füllen lässt sich der Calzone mit allem, was man auch sonst als Belag verwendet.

1 Den Teig in Portionen teilen und zu runden Fladen dünn ausrollen. Wie immer mit Pizzaiola bestreichen, nur zur Hälfte mit der Füllung belegen: Knoblauch, die Anchovis, geröstete Pinienkerne, Pilze, Auberginen oder Zucchini – in diesem Fall ruhig sogar roh, allerdings auf keinen Fall zu grob gewürfelt, sonst werden sie nicht gar. Mozzarella, Gorgonzola oder sogar Frischkäse. Gut passen in die Füllung auch Kapern und/oder Oliven.

2 Auf jeweils einer Hälfte der Teigfladen verteilen, mit Olivenöl beträufeln, die leere Hälfte darüber klappen und rundum gut zusammenkneifen. Im heißen Ofen backen, bis der Teig schön aufgebläht und gebräunt ist und knusprig aussieht.

Ostermenü

Provenzalisches Ostermenü

Ein Festessen zu Ostern muss es schon sein. Es sollte viel Eindruck machen, aber in der Küchenorganisation wenig Mühe; vieles sollte sich vorbereiten lassen, damit man als Gastgeber genügend Zeit hat, die nötigen Handgriffe in aller Ruhe zu erledigen, bevor die Gäste dann vor der Tür stehen. Genau ein solches Festmenü haben wir uns diesmal für Sie ausgedacht:

Als Vorspeise: Artischocken

Artischocken sind genau der richtige Auftakt für ein Osteressen. Jetzt sind sie zart, schmecken aber wunderbar kräftig! Sie sind übrigens außerordentlich gesund, wirken blutreinigend, mobilisieren den Stoffwechsel und stecken voller Vitamine und Mineralien.
Im Allgemeinen kennt man bei uns Artischocken am ehesten noch im Ganzen gekocht. Man zupft die Blätter einzeln ab, stippt sie in eine Sauce und lutscht sie dann genüsslich aus. Dafür sind allerdings mehr die bretonischen Artischocken geeignet, mit dickeren Köpfen und einem flachen, viel größeren Boden. Sie haben ein wenig später, etwa ab Juni Saison. Im Frühjahr kommen die Artischocken

aus der Provence oder aus Sizilien; sie sind kleiner, länglich, zeigen eine ins Lila spielende oliv Farbe. Wir bereiten sie nach einem klassischen provenzalischen Rezept zu.
Beim Putzen dieses Gemüses, der Knospen einer Distelart, muss man großzügig sein: Man schneidet zuerst einmal die grünen Außenblätter weg, trennt dann das obere Drittel der Blattspitzen einfach mit einem herzhaften Schnitt quer ab und schält sodann das Herz mit dem zarten Boden heraus. Dann werden die Herzen von ihrem Heu befreit – einfach mit einem Löffel die mehr oder weniger harten Haare, die den Boden bedecken, herausschaben. Die geputzten Herzen müssen sofort in Zitronenwasser baden, damit sie schön hell bleiben und sich nicht unschön verfärben.

Lammrücken à la provençale

Das Fleisch wie die Beilage duften nach Provence! Zunächst zum Braten, dessen Fleisch nun keineswegs aus der Provence selbst kommen muss: Die meisten Metzger bieten durchaus würziges Fleisch von hiesigen Lämmern an, inzwischen bekommt man gute Qualität sogar in manchen Supermärkten! Hervorragende Qualität findet man übrigens oft bei türkischen Metzgern (im Branchen-Telefonbuch nachschauen). Gut auch Lammfleisch aus Neuseeland – es kommt tiefgekühlt hierher; wichtig in diesem Fall: langsam, also im Kühlschrank, auftauen, damit die Zellstruktur besser erhalten und der Saft im Fleisch bleibt. Unser Braten soll saftig sein, das Fleisch zart, durch und durch rosa, also auf keinen Fall durchgebraten. Die Fettschicht auf der Oberfläche, die ja zunächst einmal Schutz ist, lösen wir trotzdem ab. Das Fleisch bekommt nämlich stattdessen eine neue, eine würzige Schicht, die ihm erst das richtige Provence-Parfum verleiht: aus getrockneten Tomaten, Kräutern, Knoblauch, Sardellen und Olivenöl.

Die passenden Getränke

Zur Vorspeise gibt es einen kräftigen Weißwein, natürlich aus der Provence! Und auch beim Hauptgericht bleiben wir selbstverständlich in der Region – zum kräftig gewürzten Fleisch darf's auch ein kraftvoller Wein sein. Einen intensiv würzigen Wein von den Côtes-de-Provence, aus Cassis oder von der Rhône.
Damit er sich richtig entfalten kann, wäre es gut, wenn man auch das richtige Glas dafür hat: Bauchig sollte es sein und groß, damit der Wein sich entwickeln kann. Gläser, die schmal und hoch sind, sind weniger gut geeignet.

Die Rezepte

Artischocken à la Barigoule

Der Name des Gerichts soll sich von »barigoulo« ableiten, dem provenzalischen Wort für Pilz, aber auch für einen breitkrempigen Hut. Vielleicht, weil die geschälten Artischocken pilzförmig aussehen oder wie ein Hut mit Krempe? Jedenfalls ist es eine in der Provence beliebte Zubereitung – eine Vorspeise, zu der man knuspriges Baguette und einen würzigen Weißwein serviert.

ZUTATEN

Für vier bis sechs Personen:

8-10 Artischocken (je nachdem, wie groß sie sind)
2 Zitronen
75 g luftgetrockneter, durchwachsener Speck
3 EL Olivenöl
150 g Schalotten
5-6 Knoblauchzehen
3 Thymianzweige
1-2 Chilischoten
Salz
½ TL Pfefferkörner
2 Gläser trockener Weißwein

1 Die Artischocken putzen, dabei sehr großzügig die harten Außenblätter wegschneiden. Es sind nur die hellgelben bis hellgrünen Teile zart und essbar. Alles Übrige muss rigoros weggeschnitten werden, sonst beißt man nachher dauernd auf strohige, pelzige Stücke. Die Herzen nach Größe ganz lassen oder halbieren, nur sehr große Exemplare werden geviertelt. Alles, was angeschnitten ist, sofort in Zitronenwasser tauchen, damit es schön hell bleibt. Die geschälten Artischockenherzen bis zur weiteren Verwendung in mit Zitronensaft gesäuertem Wasser schwimmen lassen.

2 Den Speck, der in dünne Scheiben geschnitten sein sollte – beim Metzger aufpassen! –, in sehr feine Streifen schneiden.

3 Das Olivenöl in einem möglichst breiten, flachen Topf erhitzen, die Speckstreifchen darin sanft andünsten – nicht bräunen! Die Artischocken zufügen, ebenso die geschälten und möglichst unzerteilten Schalotten. Nur wenn die Schalotten sehr viel größer sind als die Artischockenstücke, auch sie halbieren – besser ist jedoch, sie bleiben unverletzt, sie garen dann gleichmäßiger und werden durch und durch zart.

4 Erst wenn das Gemüse rundum angedünstet ist, auch die geschälten, halbierten oder geviertelten Knoblauchzehen zufügen.

5 Thymian und Chilischoten mitbräteln, salzen, die Pfefferkörner hineinstreuen, schließlich mit dem Wein ablöschen. Nunmehr den Topf mit einem Deckel verschließen und die Artischocken in etwa 20 Minuten ganz sanft gar köcheln.

6 Im Sud abkühlen – die Artischocken halten sich darin im Kühlschrank und gut zugedeckt einige Tage. Vor dem Servieren jedoch unbedingt wieder Zimmertemperatur annehmen lassen.

7 Dazu isst man warmes Baguette, mit dem man die herrliche Sauce vom Teller auftunken kann.

ZUTATEN

Für sechs Personen:

1 schöner Lammrücken von ca. 2 kg
4 EL Olivenöl
Salz, Pfeffer
2 Selleriestängel
4-5 Schalotten oder Zwiebeln
5 Knoblauchzehen
3 Thymianzweige
¼ l Rotwein
¼ l Lammfond (kann auch Fertigprodukt sein)
1 EL Honig

Würzpaste:
75 g getrocknete Tomaten
4 Rosmarinzweige
1 Bund glatte Petersilie
2 Anchovisfilets
50 g Semmelbrösel
3 EL Olivenöl

Lammrücken auf provenzalische Art

1 Am besten bitten Sie bereits Ihren Metzger, den Lammrücken für Sie küchenfertig vorzubereiten, das heißt die gesamte dicke Fettschicht sorgfältig abzutrennen. Falls er das nicht für Sie erledigt, müssen Sie mit einem langen, scharfen Messer genau zwischen Fettschicht und Fleisch stechen und mit beherztem Schnitt ablösen. Das geht recht einfach, weil das Fleisch noch von einer dünnen Sehnenschicht geschützt ist, auf der das Fett nicht allzu fest aufsitzt.

2 Den Lammrücken sodann mit dieser Oberseite nach unten in einem großen Bräter zunächst kräftig in Olivenöl anbraten, dabei die Knochenseite schon mal salzen und pfeffern. Das Fleischstück mit einer Fleischgabel und einem Kochlöffel festhalten und langsam drehen, damit es tatsächlich rundum schön angebraten wird. Den Rücken auch auf der Knochenseite anbraten – und zwar geduldig, damit die Hitze tatsächlich auch durch die Knochen nach oben dringen kann. Dann auch die Oberseite salzen und pfeffern.

3 Währenddessen die Würzgemüse (Sellerie, Schalotten, Knoblauch) grob hacken, mit dem Thymian um das Fleisch im Bräter verteilen und ebenfalls anrösten.

4 Für die Würzpaste sollte man die Tomaten bereits einige Stunden zuvor mit etwas heißem Wasser bedecken und einweichen.

5 Die Rosmarinnadeln mit einem großen Messer schön fein hacken. Auch die Petersilienblätter, die Anchovisfilets und die eingeweichten Tomaten fein hacken. Wer mag, kann alle Zutaten auch gleich in den Mixer füllen und zerkleinern. In jedem Fall mit den Semmelbröseln, dem Olivenöl und so viel Einweichflüssigkeit (von den Tomaten) wie nötig zu einer streichfähigen Paste mischen. Diese Paste auf dem Lammrücken verteilen, dabei mit den Händen gut festdrücken.

6 Schließlich den Bräter in den Ofen schieben, wo bereits das Kartoffelgratin, das es als Beilage geben soll, steht, und zwar in dem Moment, in dem die Hitze gerade auf 150 °C heruntergeschaltet wurde (siehe S. 61): Den Bräter also einfach unter den Rost mit dem Kartoffelgratin auf den Backofenboden stellen.

7 Nach 30 Minuten den Bräter wieder aus dem Rohr holen. Den Lammrücken auf einem doppelt gelegten Stück Alufolie zurück in den Backofen stellen, diesmal auf den Rost. Nach weiteren zehn bis 15 Minuten den Ofen ausschalten, den Braten aber unbedingt noch mindestens zehn weitere Minuten ruhen und nachziehen lassen. Das Kartoffelgratin übersteht diese Zeit zusammen mit dem Braten im Backofen auch jetzt noch mühelos – sollten Sie fürchten, es könnte zu dunkel werden, einfach mit Alufolie abdecken.

8 Unterdessen den Bratenfond im Bräter mit dem Rotwein ablöschen und loskochen, den Fond angießen und jetzt die gesamte Flüssigkeit auf starkem Feuer rasch etwa um die Hälfte einkochen.

9 Die eingekochte Sauce mit dem Pürierstab aufmixen, dabei den Honig zum Abschmecken gleich hinzufügen.

10 Zum Servieren dann in der Küche schon die Rückenfilets vom Knochen lösen: Zunächst mit einem scharfen Messer das Rückgrat entlang abschneiden, dann mit dem Messer unter das Fleisch fahren und auch dort vom Knochen trennen.

11 Die Fleischstücke auf dem Arbeitsbrett schräg in dünne Scheiben schneiden und wieder in ihrer Form zurück auf das Knochenbett setzen. Den Rücken auf einer Platte zu Tisch bringen, die Sauce in einer Saucière auftragen und den Auflauf in seiner Form.

Kartoffelgratin mit Spinat

Ein wunderbares Kartoffelgericht, das im Übrigen nicht nur als Beilage köstlich schmeckt, sondern auch alleine Gäste glücklich machen kann. In diesem Fall könnte man zusätzlich geriebenen Käse auf die Spinatschicht streuen und außerdem eine große Schüssel Salat dazu servieren.

1 Die Kartoffeln schälen, in drei Millimeter dicke Scheiben hobeln (also nicht zu dünn!), in reichlich Salzwasser etwa fünf Minuten blanchieren.

2 Abgießen, die Hälfte davon in einer dick mit Butter ausgestrichenen Form verteilen. Mit Pfeffer und, falls das Kochwasser nicht ausreichend gesalzen war, auch mit noch etwas Salz und großzügig mit Muskat würzen.

3 Den Spinat sehr sorgfältig verlesen, alle dicken Stiele entfernen, die Blätter mehrmals und sehr gründlich waschen. Dabei ist derjenige gut dran, der eine Salatwaschmaschine hat (siehe Tipp S. 62) – einfach die Blätter darin einige Zeit umherwirbeln lassen und anschließend ausschleudern.

ZUTATEN

Für sechs Personen:

1,2 kg möglichst mehlige Kartoffeln
Salz
Butter
Pfeffer
Muskatnuss
1,5 kg Blattspinat
3-4 Knoblauchzehen
3 EL Olivenöl
knapp ¼ l Milch
¼ l süße Sahne
Butterflöckchen

TIPP

Es gibt in den Haushaltsgeschäften zweierlei ganz unterschiedliche Salatschleudern. Solche, deren Schüssel, in der das Sieb sitzt und gedreht wird, geschlossen ist – und die daher auch als Salatschüssel verwendbar sind, und solche, bei denen diese Schüssel am Boden offen ist, so dass das Wasser, das man hineinlaufen lässt, abfließen kann.
Nur mit der letzteren Art lässt sich Salat (beziehungsweise Kräuter oder Spinat) tatsächlich waschen: Man stellt das Gerät ins Spülbecken, lässt durch die Öffnung im Deckel fließendes Wasser hineinlaufen, während man mit der Zugkordel das Sieb mit den Blättern in Bewegung setzt. Das Wasser kann mitsamt dem ausgelösten Schmutz am Boden abfließen. Sobald die Blätter ausreichend lange im fließenden Wasser bewegt und durchgespült sind, dreht man das Wasser ab und zieht so lange an der Kordel, bis die Blätter trocken genug sind. Das ist überaus praktisch und erspart es einem, die Salatblätter mit den Händen im kalten Wasser durchzuspülen. Allerdings ist die Schüssel des Geräts zu nichts anderem Nütze. Ein Nachteil jedoch, finden wir, der sich leicht verschmerzen lässt.

4 Den Spinat in reichlich kochendem Salzwasser zusammenfallen lassen – bereits nach einer Minute abgießen, kalt abschrecken, damit die Blätter ihre schöne grüne Farbe behalten. Den Spinat auf einem Brett mit einem großen Messer grob hacken und auf dem Kartoffelbett verteilen.

5 Ebenfalls würzen: Dafür den Knoblauch durch die Presse drücken, mit Olivenöl, etwas Salz und Pfeffer verrühren und gleichmäßig den Spinat damit benetzen. Außerdem Muskat darüber reiben.

6 Schließlich die restlichen Kartoffelscheiben darüber verteilen, dabei die Oberfläche hübsch und möglichst akkurat anordnen, so dass die Scheiben dachziegelartig übereinander liegen. Milch und Sahne verquirlen, mit Salz, Pfeffer und Muskat würzen und über das Gratin gießen – die Flüssigkeit sollte knapp unter der Oberfläche sichtbar werden.

7 Die Oberfläche mit Butterflöckchen besetzen. Den Auflauf in den zunächst auf 250 °C vorgeheizten Ofen stellen, nach einer halben Stunde auf 150 °C herunterschalten und eine weitere gute halbe Stunde gar ziehen lassen.

Lavendelhonigparfait auf Himbeersauce

Ein Parfait ist immer dann angesagt, wenn man keine Eismaschine hat. Weil die Sahne steif geschlagen untergezogen wird, bleibt das Eis trotzdem herrlich luftig und cremig.

1 Die Eigelb mit dem Puderzucker im Wasserbad so lange schlagen, bis die Masse heiß, sehr dick und hell geworden ist. Dann den Honig unterrühren.

2 Den Topf mit der Masse in eine Schüssel mit Eiswasser stellen und so lange schlagen, bis sie wieder kalt ist. Die steif geschlagene Sahne unterziehen. Die Masse in eine Kastenform füllen und ins Gefrierfach stellen.

3 Das Parfait zum Servieren stürzen, in fingerdicke Scheiben schneiden und auf Desserttellern anrichten.

4 Dazu eine Himbeersauce servieren: Dafür die Beeren mit Zucker bestreut auftauen, dann durch ein Sieb streichen. Das ist wirklich im Handumdrehen geschehen!

ZUTATEN

Für vier bis sechs Personen:

4 Eigelb
50 g Puderzucker
3 EL Lavendelhonig
0,2 l Sahne

Himbeersauce:
1 Paket tiefgekühlte Himbeeren
75 g Zucker

TIPP

Wenn Sie die Form zuvor mit Klarsichtfolie auskleiden, lässt sich das Parfait später leichter daraus lösen – man braucht sie nur an der Unterseite mit etwas warmem Wasser erwärmen, dann kann man, an der Folie ziehend, das gesamte Parfait herauslösen.
Man kann auch mehrere Fruchtsaucen auf einmal dazu servieren! Diese in großen Klecksen nebeneinander auf den Dessertteller setzen, in die Mitte die Scheibe Vanilleparfait platzieren und schließlich als Dekoration mit geriebenen Pistazien bestreuen.

Rhabarber

Das Obst, das eigentlich ein Gemüse ist

Rhabarber ist der Inbegriff des Frühlings. Wenn die festen Stangen mit ihrem dunklen Blattgrün auf dem Markt auftauchen, dann ist der Winter definitiv vorbei. Rhabarber hat eine relativ kurze Saison. Sie dauert nur von Mitte April bis Ende Juni (man sagt, mit dem Ende der Spargelzeit ist auch die Zeit für den Rhabarber vorbei, also am 24. Juni, dem Johannitag). Später könnte man den Rhabarber zwar durchaus noch essen, aber er ist dann ausgewachsen, nicht mehr zart und fruchtig, denn die in ihm sitzende Oxalsäure hat dann überhand genommen. Dann wird er auch sehr bald strohig und faserig. Die zarten, »geköpften«, vom Blattwerk befreiten dünnen Stänglein, die eher blass als leuchtend schon vor April auf den Markt kommen, sind im Treibhaus gewachsen und ziemlich langweilig. Nutzen wir also seine Hoch-Zeit und genießen seinen kraftvollen, erfrischenden Geschmack von April bis Ende Juni. Obendrein ist Rhabarber gesund, weil er blutreinigend und entschlackend wirkt, außerdem hilft seine

harntreibende Wirkung auch bei Verstopfung. Er steckt voller Mineralien, Phosphor, Eisen, Kalium und Kalzium. Und er liefert kaum Kalorien – alles in allem: Er ist im Frühjahr für den Körper geradezu ein Elixier.

Rhabarber – Obst oder Gemüse

Rhabarber ist eine so genannte Rhizomstaude, deren Wurzel knollig verdickt und mit zunehmendem Alter mehr oder weniger verholzt. Er gehört zur Familie der Knöterichgewächse und gilt somit als Gemüse. Seit mehr als 4000 Jahren nutzt man Rhabarber in China als Heilpflanze. Seine Verwertung in der Küche als Gemüse ist erst seit Mitte des 18. Jahrhunderts bekannt, und obwohl er zum Gemüse zählt, wird er meist als Obst verwendet und zu Marmelade, Kompott, Saft, Süßspeisen und Kuchen verarbeitet. Besonders in England liebt man die säuerlichen, fleischigen Stiele und nutzt sie vielfältig.
Seinen Namen verdankt er den Griechen, die ihn als den »Barbar« (den Fremden) von der »Rha« (nämlich von dem weit entfernten Fluss) kennen und schätzen lernten.
Rhabarber wird heute in allen gemäßigten Zonen der Erde angebaut. In Europa vor allem in den Niederlanden, in England und in Deutschland.

Man unterscheidet die Rhabarbersorten nach der Farbe der Haut und des Fleisches: grünstieligen Rhabarber mit grünem Fleisch, rotstieligen mit grünem Fleisch und rotstieligen Rhabarber mit rotem Fleisch. Beim letzteren spricht man gern vom Himbeer-Rhabarber, dabei hat er weder von der Farbe noch vom Geschmack her irgendeine Ähnlichkeit, aber es klingt vielleicht hübscher? In jedem Fall ist diese Sorte die mildeste. Besonders sauer ist der grünstielige Rhabarber mit grünem Fleisch, der auch die dicksten Stangen aufweist. Weniger sauer ist hingegen der rotstielige mit grünem Fleisch.

Was im Rhabarber steckt

Rhabarber gilt als vitamin- und mineralstoffreich, allerdings geht natürlich beim Kochen davon eine Menge verloren. Rhabarber gehört wie Mangold, Spinat oder Sauerampfer zu den oxalsäurereichen Lebensmitteln und kann in größeren Mengen giftig sein. Die gefährliche Dosis für einen Erwachsenen wird mit fünf bis 15 Gramm angenommen. Rhabarber hat (abhängig von Sorte, Düngung und Erntezeit) einen Oxalsäuregehalt von etwa 60 bis 500 Milligramm pro 100 Gramm Frischmasse. Ein gesunder Erwachsener kann also im Frühjahr unbesorgt davon essen, so oft er Lust darauf hat. Selbst der Verzehr von einem Kilogramm Rhabarber ist unbedenklich. Allerdings: Weil die Oxalsäure als Kalziumräuber gilt, sollte man

stets gleichzeitig Milchprodukte zu sich nehmen, in Rhabarberdesserts sollte man also immer Sahne, Joghurt oder Quark mischen. Menschen mit Nieren- oder Gallensteinleiden, Diabetiker, Rheumatiker und Gichtkranke sollten sich mit ihrem Arzt beraten. Und schwangere und stillende Frauen sowie Kleinkinder sollten oxalsäurehaltige Lebensmittel nur in kleinen Mengen verzehren.
Übrigens lässt sich der Oxalsäuregehalt des Rhabarbers verringern, indem man ihn gründlich schält; die Hauptmenge der Oxalsäure befindet sich in den Blättern und in der Schale. Auch kann man durch Blanchieren eine Menge Oxalsäure aus den Stangen herauslösen, das Kochwasser muss dann allerdings anschließend weggeschüttet werden. Achtung: Wirklich giftig sind die Rhabarberblätter. Sie dürfen nicht verzehrt werden!

Rhabarbergewürze

Trotz seiner eigenen verträgt er zusätzliche Säure in Form von Zitronensaft oder Weißwein. Und er liebt Zitronenaroma, wie Zitronenschale, aber auch das exotische Zitronengras oder die fein geschnittenen Blätter der Kaffirzitrone. Zimt und Vanille passen sehr gut dazu, auch Sternanis, der ihm einen orientalischen Duft verleiht, oder Ingwer. Natürlich niemals alle diese Gewürze auf einmal verwenden, sondern nach Lust und Laune immer nur eines oder bestenfalls zweierlei.

ZUTATEN

Für vier bis sechs Personen:

1,5 kg Rhabarber
1 ungespritzte Zitrone
100 g Zucker
½ TL Zimt
Sternanis
1 Tütchen Vanillezucker
400 g griechischer Joghurt

Rhabarberkompott

Rhabarber ist im Kochtopf ein launisches Produkt: Zunächst zeigt er sich störrisch und hart, aber im nächsten Augenblick können sich die Stangen bereits faserig aufgelöst haben. Oft beginnen die Stücke am Topfboden bereits zu zerfallen, obwohl die oben liegenden Stücke noch roh und fest sind. Natürlich schmeckt verkochter Rhabarber längst nicht so gut, außerdem sieht er dann nicht mehr schön aus. Deshalb hier ein Grundrezept, wie er garantiert gelingt und immer schön in Form bleibt:

1 Den Rhabarber putzen, wenn nötig schälen und in möglichst gleiche, etwa drei Zentimeter lange Stücke schneiden. Es sieht hübsch aus, wenn man die Stücke sehr schräg schneidet, so dass sie wie Rhomben oder Rauten wirken. Dicht nebeneinander in eine ofenfeste Form setzen. Dazwischen die Gewürze verteilen: die abgeriebene Zitronenschale, Zitronensaft, den Zucker, Zimt, Sternanis und Vanillezucker.

2 Die Form in den kalten Backofen stellen, ihn auf 200 °C einstellen. Sobald der Ofen diese Temperatur erreicht hat, ausschalten. In der jetzt nachlassenden Hitze kann der empfindliche Rhabarber nachziehen, wird schließlich butterzart und behält trotzdem seine Form. Das Rhabarberkompott möglichst in der Form kalt stellen, die Stücke zerfallen allzu leicht, sobald man sie umbetten will. Bis zum Servieren kalt stellen.

3 Rhabarberkompott schmeckt entweder pur, noch besser aber auf griechischem Joghurt. Dieser braucht kaum zusätzlich gewürzt zu werden, seine Milde gibt dem süßen und zugleich säuerlichen Kom-

pott einen wunderbaren Ausgleich. Besonders pfiffig: Joghurt und Kompott abwechselnd in ein hohes Glas schichten, zum Beispiel in ein Kölschglas. Einen langstieligen Löffel dazu servieren, mit dem man bequem hineinreicht. Dekoriert wird das Dessert mit Minzeblättchen.

GETRÄNK

Dazu trinken wir einen Prosecco, der noch auf der Hefe abgefüllt wurde, das gibt ihm mehr Charakter und Geschmack. Er ist dann zwar trüb im Glas, bringt aber eine würzige Frische.

Mandelschnitten mit Rhabarber

ZUTATEN

Für ein Backblech (ergibt ca. 50 Stück):

150 g Mandeln
150 g Butter
150 g Puderzucker
1 Ei
½ TL Zimtpulver
ein Hauch Muskat
½ TL Vanilleextrakt
1 Prise Salz
abgeriebene Schale einer Zitrone
2 Gläschen Kirschwasser
250 g Mehl
1 gestrichener TL Backpulver

Außerdem:
200 g Rhabarberkonfitüre
1 Eigelb
3 EL Milch

1 Die Mandeln im Zerhacker zu nicht ganz feinem Pulver reiben. Unterdessen Butter und Puderzucker in einer Schüssel mit den Fingern zu Bröseln mischen. Die zerkleinerten Mandeln zufügen, ebenso das Ei und alle Gewürze, einschließlich der Salzprise und der Zitronenschale. Jetzt einen Holzlöffel nehmen und alles mischen, dabei mit dem Kirschwasser benetzen.

2 Mehl und Backpulver durch ein Sieb hinzufügen, dann mit den Händen rasch zu einem Teig kneten. Zu einer Kugel formen und eine Stunde kalt stellen. Auf bemehlter Arbeitsfläche circa zwei Millimeter dünn ausrollen. Mit etwa der Hälfte dieser Teigplatte ein mit Backpapier belegtes Blech auslegen. Diesen Boden nunmehr mit Rhabarberkonfitüre bestreichen. Aus dem restlichen Teig Streifen ausradeln und als Gitter auf der Teigfläche so verteilen, dass dazwischen die Konfitüre herausschaut. Die Teigstreifen mit Eigelb einpinseln, das mit etwas Milch verquirlt ist.

3 Bei 200 °C etwa 15 Minuten backen. Auskühlen lassen, erst dann in Dreiecke schneiden. Am besten geht das mit einem Sägemesser. Man sollte die Mandelschnitten etwa zwei Tage durchziehen lassen, bevor man sie isst, sie werden erst dann so richtig mürbe. Natürlich kann man sie auch länger aufheben; so lange in gut schließenden Blechdosen aufbewahren.

GETRÄNK

Dazu passt eine Beerenauslese aus dem Burgenland oder ein Tokayer, eine so genannte Essenzia oder ein Ausbruch.

Rhabarbereis

Jetzt wird das Kompott (Seite 70) glatt gemixt, mit dicker Sahne vermischt und schließlich in der Eismaschine gefroren. Auf diese Weise lässt sich höchst elegant ein womöglich verkochtes Kompott aufs Allerschönste retten! Die Gewürze geben dem Eis übrigens einen sehr interessanten Pfiff.

TIPP

Wer keine Eismaschine hat, hebt unter das glatt gemixte Rhabarberkompott steif geschlagene Sahne (ca. 250 g auf die oben angegebene Menge), füllt die Masse in eine Kastenform und lässt sie im Gefrierfach fest werden. Die Form zuvor mit Klarsichtfolie auskleiden, damit kann man dann später das fertige Eisparfait leicht aus der Form ziehen.

ZUTATEN

Für vier bis sechs Personen:

1 kg Rhabarber
75 g Zucker
Zitronenschale
1 Zitronengraskolben
1 walnussgroßes Stück Ingwer
200 g Crème fraîche

1 Den Rhabarber putzen, schälen, in Stücke schneiden, mit dem Zucker vermischen und stehen lassen, bis er Saft gezogen hat. Diesen in einen flachen, weiten Topf abgießen und aufkochen. Zitronenschale, längs gevierteltes Zitronengras und fein geriebenen Ingwer zufügen. Die Rhabarberstücke dazugeben und behutsam weich kochen. So lange die Stücke noch Form haben, sie müssen jedoch bereits gar sein, für eine Dekoration etwa ein Viertel herausheben und kalt stellen. Den Rest schließlich abkühlen, im Mixer glatt mixen und mit der Crème fraîche mischen.

2 Die Masse nochmals abschmecken und auf die nötige Süße hin kontrollieren. In der Eismaschine cremig rühren und gefrieren lassen.

SERVIEREN

Das Rhabarbereis entweder mit dem Portionierer zu Kugeln formen oder das Parfait in Scheiben schneiden. Jeweils auf Desserttellern anrichten und mit marinierten Erdbeeren umkränzen. Die Erdbeeren dafür entstielen, in Scheiben schneiden oder vierteln, mit Zucker bestreuen und mit Zitronen- oder Orangensaft beträufeln. Fein geschnittene Minzeblättchen untermischen. Die Erdbeeren etwas durchziehen lassen.

GETRÄNK

Hierzu passt natürlich ein Prosecco, auch ein Winzersekt. Selbstverständlich auch ein eleganter Champagner.

Rhabarberkuchen

Schnell und mühelos gemacht, vor allem, wenn man fertigen Mürbeteig aus dem Kühlregal dafür nimmt.

1 Wer nicht den fertigen Teig aus dem Kühlregale nimmt (in Frankreich und in der Schweiz gibt es ihn sogar mit Butter gemacht – unbedingt auf die Zutatenliste achten! Bei uns leider nicht, hier nimmt man dafür Margarine), mischt aus Mehl, Butter, Zucker, Eigelb und einer Prise Salz rasch, mit kühlen Händen, selber einen Mürbeteig. In Folie oder einen Gefrierbeutel gepackt eine halbe Stunde ruhen lassen. Dann ausrollen und eine gebutterte Springform damit auskleiden.

2 Inzwischen den Rhabarber putzen und in möglichst akkurate kleine Würfel schneiden (etwa zentimeterklein). Mit dem restlichen Zucker und der abgeriebenen Zitronenschale mischen und auf dem mandelbestreuten Boden verteilen. Die Form auf der untersten Schiene in den 220 °C vorgeheizten Ofen stellen und den Rhabarberkuchen zunächst 20 Minuten vorbacken.

3 Die Eier mit der Sahne und dem Vanillezucker glatt quirlen und gleichmäßig über den Rhabarber gießen. Den Kuchen nunmehr auf der mittleren Schiene bei jetzt 180 °C weitere zehn bis 15 Minuten backen, bis der Teigboden gebräunt ist und die Eierschicht gestockt.

TIPP

Dafür den Gefrierbeutel aufschlitzen, den Teig darauf ausrollen. Man kann ihn dann nämlich mit der Folie über die Form heben, stürzen und diese damit auskleiden. Sobald der Teig an der richtigen Stelle liegt, einfach die Folie abziehen. Die Mandeln mit zwei Esslöffeln Zucker im Zerhacker pulverisieren. Auf dem Teigboden gleichmäßig verteilen.

ZUTATEN

Für eine Springform von 24-26 cm Durchmesser:

Mürbeteig:
250 g Mehl
150 g Butter
100 g Zucker
1 Eigelb
1 Prise Salz

Belag:
50 g Mandeln
100 g Zucker
1 kg Rhabarber
Zitronenschale
2 Eier
200 g Sahne
1 Tütchen Vanillezucker

4 Der Rhabarberkuchen muss natürlich abkühlen, aber am allerbesten schmeckt er ganz frisch, gerade eben noch lauwarm.

Dazu: Wer keine Angst vor den Kalorien hat, häuft sich Schlagsahne obenauf.

GETRÄNK

Kaffee oder Espresso. Es passt aber auch exzellent etwas Prickelndes: ein Champagner, am besten aus Pinot noir hergestellt und ohne Dosage abgefüllt. Der hat Kraft, kann aber mit seinem trockenen Geschmack gut gegenüber dem herbsüßen Kuchen bestehen.

ZUTATEN

Für zwei Muffinbleche:

½ Portion Mürbeteig
½ Portion Belag
(wie für Rhababerkuchen)
Butter für die Form

VARIANTE: RHABARBERTÖRTCHEN

Hübsch zum Nachmittagskaffee oder als kleiner Leckerbissen zum Dessert. Ideal sind dafür die kleinen Muffinformen, von denen zwölf in einem Blech zusammengefasst sind.

Den Teig auswellen, mit einem Ausstecher (oder einer Tasse mit passendem Durchmesser) Kreise ausstechen und jeweils in die Vertiefungen der gut ausgebutterten Muffinförmchen drücken. Geriebene Mandeln und Rhabarberstückchen darin verteilen und zunächst zehn Minuten vorbacken. Dann auch hier den Guss gleichmäßig verteilen und die Törtchen bei jetzt 180 °C noch etwa 15 Minuten backen, bis sie knusprig geworden sind und der Guss gestockt ist.

Rhabarberkonfitüre

Das ist etwas Wunderbares: Die erfrischende Säure der Konfitüre, ihre fruchtige Süße, die wir mit ein paar Erdbeeren unterstützen, das schmeckt auf dem Frühstücksbrötchen oder auch im Joghurt. Durch die Erdbeeren bekommt der Rhabarber nicht nur einen runderen Geschmack, sondern auch eine schönere Farbe. Wir kochen Konfitüre stets nach dem Rezept der Großmama, mit ganz normalem Zucker, ohne Geliermittel. Und zwar, wie es die Großmutter auch tat, im Kupfer- beziehungsweise Messingkessel. Darin behält die Konfitüre eine leuchtend appetitliche Farbe und den typischen Geschmack.

ZUTATEN

Für sechs Gläser à 200 g:

2 kg Rhabarber
500 g reife Erdbeeren
1,9 kg Zucker
1 Vanillestange
Schale und Saft einer Zitrone

1 Den geputzten, klein geschnittenen Rhabarber mit den abgezupften, geviertelten oder in Scheiben geschnittenen Erdbeeren und mit dem Zucker gut verrühren und erst einmal zwei Stunden stehen lassen, bis alles Saft zieht. Diesen Saft abgießen, in einen passenden Topf füllen (siehe Tipp) und zunächst etwa zehn Minuten einkochen. Erst dann das Obst zufügen, außerdem die Vanilleschote sowie den Zitronensaft und die Zitronenschale an einem Stück. Leise kochen, bis die Gelierprobe die richtige Konsistenz anzeigt.

2 Die Konfitüre in peinlich saubere Gläser füllen, den Rand gründlich säubern, bevor mit dem Schraubdeckel verschlossen wird. Die Gläser in heißem Wasser abwaschen, falls beim Einfüllen etwas danebengegangen sein sollte. Auf den Kopf gestülpt abkühlen lassen – dann ist die Konfitüre wirklich sicher verschlossen und steril.

Nach demselben Prinzip kann man aus allen anderen Früchten Konfitüre kochen! Je nach Süße der Früchte nimmt man auf ein Kilogramm Obst zwischen 500 (Aprikosen und Zwetschgen) und 800 Gramm Zucker.

TIPP

Am besten nimmt man zum Marmeladekochen einen Kupfer- oder Messingkessel, denn nur darin behält das Obst seine schöne frische Farbe! Solche Kessel findet man unter Umständen im Profibedarf für Konditoren. In Frankreich gibt es sie in jedem guten Haushaltsgeschäft. Mit viel Glück findet man auch welche auf Flohmärkten. Allerdings sind diese mit ihrem oft nicht ganz ebenen Boden nur für Gas geeignet.
Und noch eins: Nie zu große Mengen auf einmal kochen, sonst dauert es zu lange, bis die Masse geliert. 2-3 Kilo sind das Limit.

ZUTATEN

Für drei bis vier Personen:

2 ausgelöste Entenbrüste
3-4 Stängel Thaibasilikum oder glatte Petersilie
Salz, Pfeffer
3 Rharbarberstiele
je 1 TL gehackter Knoblauch, Ingwer und Chili (nach Geschmack)
2 EL Fischsauce
1 EL Zucker

Entenbrust mit Rhabarber

Da Rhabarber im botanischen Sinne zum Gemüse zählt, servieren wir ihn zum Schluss noch zur gebratenen Entenbrust. Mit Ingwer und Chili gewürzt und mit frittiertem thailändischem Basilikum bekommt der Rhabarber einen ganz neuen Charakter. Achten Sie beim Einkauf darauf, möglichst die Brüste von weiblichen Enten zu bekommen (steht auf dem Etikett); auch wenn sie kleiner sind als die männlichen: Sie sind zarter.

1 Zunächst von der Ente die Haut ablösen, fein würfeln und in einer beschichteten Pfanne erst einmal schön langsam knusprig braten. Mit einer Schaumkelle herausheben und auf Küchenpapier abtropfen lassen. Inzwischen im reichlich ausgelassenen Bratfett die abgezupften Thaibasilikumblätter (oder glatte Petersilie) knusprig braten – das geht ganz schnell, sie leuchten dann in sattem Grün und werden kross. Ebenfalls herausfischen und auf Küchenpapier abtropfen lassen.

2 Das Fett bis auf zwei Esslöffel abgießen (auffangen und für die nächsten Bratkartoffeln verwenden), die beiden Bruststücke darin langsam rundum rosa braten, etwa 15 Minuten, dabei immer drehen und wenden sowie salzen und pfeffern. Schließlich in Alufolie gewickelt nachziehen lassen, während das Gemüse zubereitet wird.

3 Dafür den geputzten Rhabarber in Scheibchen schneiden und im Bratfett kurz schwenken, sofort gehackten Knoblauch, Ingwer und Chili hinzufügen, außerdem mit ein paar Tropfen Fischsauce, Salz, Pfeffer und Zucker würzen. Alles nur gründlich durchschwenken, denn die Rhabarberscheibchen sind schnell weich und sollen ja schließlich nicht zerfallen.

4 Zum Servieren das Fleisch schräg in halbzentimeterdünne Scheibchen schneiden und auf einer Platte anrichten. Mit dem Rhabarbergemüse umkränzen und mit den frittierten Kräutern sowie den knusprigen Entenkruspeln überhäufen.

BEILAGE

Dazu passt ideal Kartoffelpüree, aber natürlich genügt auch krumiges Weißbrot.

GETRÄNK

Ein dichter, fruchtiger Rotwein, zum Beispiel ein im Holzfass (Barrique) ausgebauter Blaufränkisch aus Österreich (auf deutsch heißt diese Rebsorte Lemberger und wird gern in Württemberg angebaut), eventuell eine Cuvée mit Zweigelt, wie sie in Österreich sehr beliebt ist.

Junges Gemüse

So kommt der Frühling auf den Tisch!

Wer jetzt über den Markt spaziert, dem gehen die Augen über: eine üppige Fülle von herrlichstem Gemüse, zart, jung, verlockend, verschwenderisch und in den schönsten Farben: Erbsen, Mangetouts, Puffbohnen, Spinat, Mairübchen, Radieschen, Kohlrabi, Spargel – grün und weiß. Junges Gemüse gehört ja zu den feinsten Dingen überhaupt. Ein Stillleben davon, auf eine Schale, in einen Korb drapiert, ergibt immer ein verlockendes Bild, und es macht Lust auf frühlingsleichte Kost.

Aufpassen beim Einkauf!

Straff und knackig soll das Gemüse aussehen, die Farben leuchten, es darf nichts Welkes oder Müdes haben. Schließlich soll es frisch sein und nicht schon Tage im Laden liegen. Ideal ist, wenn man beim Gärtner einkaufen kann, auf dem Wochenmarkt oder direkt beim Bauern. Greifen Sie zu, wenn das Gemüse klein ist, also zum richtigen Zeitpunkt geerntet.

Mairübchen zum Beispiel sollten nicht viel größer als Tischtennisbälle sein. Auch **rote Bete** sind in diesem Alter besonders zart und schmecken umwerfend gut. **Junger Knoblauch** (die beste Qualität kommt jetzt aus Frankreich, Italien und Spanien) ist ein besonderer Genuss, wenn die Knolle noch ganz saftig ist. Dann sind zum Teil die Zehen noch gar nicht richtig ausgebildet, und man kann sogar die Haut, die sie umschließt, noch mitessen.

Mangetouts oder **Zucker**- (auch **Kaiser**-)**schoten**, jene zarten Erbsen, die man nicht auspalt, sondern mitsamt ihrer Schale isst, müssen noch so jung und klein sein, dass ihre Samen selbst kaum ausgebildet sind. Später sind sie schnell so hart, dass sie nur noch weich gekocht und püriert verspeist ein Vergnügen sind.

Kohlrabi sind oft am Wurzelende holzig, dort muss man sie großzügig kappen. Ob die Knolle frisch ist, verraten die Blätter. Sie dürfen nicht welk oder gar gelb sein!

Radieschen schmecken am besten, wenn sie nicht allzu groß (weil von Dünger oder Wasser aufgeblasen) sind. Frisches, grünes Kraut und ein lebendiges Wurzelschwänzchen zeigen, ob sie nicht zu alt sind.

Spinat. Saftig, fest, knackig und grün sollten die Blätter sein. Stiele unbedingt entfernen, in ihnen steckt das meiste Nitrat, von dem auch die Blätter mehr als andere Gemüse aus dem Boden aufnehmen. Zwar ist Nitrat im Prinzip ein lebensnotwendiger Pflanzennährstoff, aber es wird schnell durch Bakterien zu Nitrit umgewandelt,

das unserem Körper weniger gut bekommt. Es mindert die Fähigkeit des Bluts, Sauerstoff zu transportieren, und kann sogar zusammen mit Aminen, Eiweißbausteinen, Nitrosamine bilden, die (in größerer Menge) krebserregend wirken. Grund genug, darauf zu achten, dass man seinem Körper möglichst wenig Nitrat beziehungsweise Nitrit zuführt. Das geschieht am besten, indem man Spinat blanchiert! Also in reichlich kochendes Salzwasser werfen, einmal umwenden, abgießen und eiskalt abschrecken. Mit dem Wasser wird das Nitrat gelöst und weggeschüttet. So wird obendrein die leuchtende grüne Farbe erhalten, der Spinat lässt sich besser aufbewahren und leichter verarbeiten. Noch eins: Vitamin C verhindert den Abbau von Nitrat zu Nitrit, deshalb ist es gut, wenn man Spinatsalat mit Zitronensaft statt mit Essig würzt.

Erbsen. Sie sind das Allerbeste überhaupt – aber kaum ein Gemüse kostet auch nur annähernd so viel Zeit und Mühe. Früher, als man noch in Großfamilien lebte, gab es immer irgendeine rührende Tante oder Oma im Haus, die sich freute, wenn sie sich nützlich machen konnte und geduldig Erbsen brockte. Heute müssen wir das selber erledigen. Deshalb gibt es bei uns Erbsen nur für Leute, die wirklich verstehen, was das bedeutet, und den Aufwand auch entsprechend würdigen: Bis man einen ganzen Korb voller Erbsenschoten ausgehülst hat, vergeht allerdings sehr viel Zeit. Am besten sucht man sich Unterstützung, und wenn man dann wie wir zu zweit vor sich hinarbeitet, sich gegenseitig Geschichten erzählt, ein Schlückchen Wein dazu trinkt – dann spürt man die Arbeit gar nicht mehr und hat nachher das unübertreffliche Vergnügen, frische Erbsen genießen zu dürfen. Denn: Sie sind eine absolute Delikatesse und mit dem gekauften Produkt aus der Tiefkühltruhe oder gar Dose nicht zu vergleichen.

Puffbohnen. Kennen Sie dieses köstlich zarte Gemüse? Man sagt auch Pferdebohnen (dann sind sie allerdings schon viel älter), dicke Bohnen, auch Saubohnen dazu. Wir nennen sie am liebsten Puffbohnen, wie Goethe sie nannte, dessen Lieblingsgemüse es gewesen sein soll.

Wundervoll schmecken die zarten hellgrünen Kerne, wenn man sie nicht nur aus der dicken Schale (deshalb heißen sie übrigens dicke Bohnen), sondern auch die dünnere, aber ledrige innere Haut gelöst hat. Das ist mühsam, aber es lohnt sich.

In der Toskana genießt man junge Puffbohnen übrigens zum Aperitif oder auch einfach so, zu einem Glas Wein: Man pult sie sich Stück für Stück aus, trinkt dazu einen herzhaften Wein und isst dazu jungen Pecorino.

Radieschen. Einfach so knabbern oder wie in Frankreich servieren, wo man sie zum Auftakt einer Mahlzeit gern mit Salz, Butter und Baguette reicht. Dann streicht man mit dem Messer ein bisschen

TIPP

Die dünne innere Haut löst sich ziemlich mühelos, wenn man die Puffbohnenkerne kurz in kochendes Wasser wirft und anschließend kalt abschreckt.

Butter auf das Radieschen und streut ein paar Salzkörnchen darüber ... Übrigens schmecken Radieschen auch gedünstet als Gemüse.

Junges Gemüse in der Küche

Wenn man sich die Mühe gemacht und frisch eingekauft hat, wird man nicht den Fehler begehen und das Gemüse alt werden lassen. Immer daran denken: Mit dem Moment der Ernte beginnt ein Wettlauf mit der Zeit. Die Gemüse verlieren sozusagen minütlich an Vitaminen, vor allem das empfindliche Vitamin C ist bald verschwunden. Aber es verliert auch an appetitlichem Aussehen und an Geschmack. Man sollte deshalb das Gemüse wenigstens sofort im Kühlschrank verstauen, Kälte hilft, den Abbau zu verzögern. Und schnellstmöglich verarbeiten. Also wenigstens blanchieren. Denn dann ist der Alterungsprozess ebenfalls erst einmal gestoppt. Im Kühlschrank sollte das Gemüse stets mit einem feuchten Tuch oder Küchenpapier vorm Austrocknen geschützt werden.

Und wenn das blanchierte Gemüse nicht gleich gegessen werden kann, lieber einfrieren, als es tagelang aufbewahren.
Gemüse, die roh (Radieschen) oder nur fast gegart ein Genuss sind (Zuckerschoten), darf man einfach nicht auf Vorrat kaufen, sondern muss sie zügig verbrauchen, will man an ihnen nicht freveln.

Frühlingserbsen auf französische Art

ZUTATEN

Für vier Personen:

2 Schalotten oder
1 junge Zwiebel
2 Frühlingszwiebeln
60 g Butter
100 g luftgetrockneter Speck in dünnen Scheiben
300 g junge Möhren
1 Hand voll Salatblätter
Salz, Pfeffer
1 Prise Zucker
Cayennepfeffer oder Chilipulver
Muskat oder Muskatblüte
1 kg Erbsen in der Schale (ca. 350 g ausgepalt)
ca. ⅛ l Hühnerbrühe
1 kg neue, kleine Kartoffeln
2 EL Olivenöl
1 Bund frische Minze

Hier gehört außer Erbsen noch mehr von dem hinein, was der Frühling bietet, also zum Beispiel Frühlingszwiebeln und junge Möhren, nach französischem Vorbild auch Salat (das kann der um diese Jahreszeit schon im Schießen befindliche sein, der so noch eine elegante Verwendung findet) und schließlich Erbsen. Kraft bekommt das Gericht durch ein wenig luftgetrockneten Speck, und Pep gibt ihm mit Minze gemixte Butter. So sind die Erbsen ein komplett eigenständiges Gericht, eventuell mit jungen Kartöffelchen als Sättigungsbeilage. Wer partout nicht auf tierisches Eiweiß verzichten will, serviert dazu gedämpften Kabeljau – das ergibt ein frühlingsleichtes und sommerlich frisches Gericht.

1 Schalotten oder Zwiebel fein würfeln, das Weiße der Frühlingszwiebeln in feine Ringe schneiden (das Grün aufbewahren) und in zwei Esslöffeln Butter anschwitzen. Den Speck in feine Streifen schneiden und kurz mitdünsten. Er soll glasig werden, darf aber nicht brutzeln. Die Möhren putzen, schälen oder gründlich schrubben (je nachdem, wie zart und wie sauber sie sind). In zentimeterkleine Würfel schneiden und mit den Zwiebeln dünsten. Die Hitze jedoch so regulieren, dass sie nicht bräunen! Die Salatblätter kurz in kochendes Wasser eintauchen, dann sofort eiskalt abkühlen. So behalten sie ihre schöne grüne Farbe. Fein hacken und erst zu den Zwiebeln geben, wenn diese schön weich geworden sind.

2 Jetzt alles salzen und pfeffern, eine gute Zuckerprise zufügen, eine kräftige Messerspitze Chilipulver (Cayennepfeffer) und eine Spur Muskat oder Muskatblüte (Letztere ist noch intensiver!). Die ausge-

palten Erbsen zufügen, zugedeckt alles im eigenen Saft auf leisem Feuer etwa fünf bis zehn Minuten dünsten – nur falls dabei zu viel Saft verkocht (dann die Hitze herunterstellen!), mit einem Schuss Brühe ablöschen.

3 In der Zwischenzeit die gründlich sauber gebürsteten Kartoffeln im Olivenöl rundum kräftig anbraten, dann salzen und mit einer kleinen Schöpfkelle Wasser ablöschen. Zugedeckt zehn bis 15 Minuten garen.

4 Die restliche Butter mit den abgezupften Minzeblättchen, etwas Salz und Pfeffer zur leuchtend grünen Butter mixen. Ganz zum Schluss im Gemüse schmelzen und durch Schwenken untermischen.

SERVIEREN

Die Kartöffelchen mit dem in feine Ringe geschnittenen Grün der Frühlingszwiebeln schwenken und mit dem Gemüse anrichten.

BEILAGE

Gedämpfter Kabeljau oder Heilbutt. Ein möglichst gleichmäßig dickes Stück nehmen, aus dem Rückenfilet etwa – oder auch jedes andere Filet: Heilbutt, See- oder Rotzungen, sogar Filets von Süßwasserfischen. Auf einen mit Öl bestrichenen Teller betten, mit Salz und Pfeffer würzen und mit gehackter Minze bestreuen. Im Dampf zugedeckt drei bis fünf Minuten garen, je nach Stärke der Scheibe. Schließlich den Saft, der sich auf dem Teller gebildet hat, mit einem Schuss Zitronensaft und Olivenöl zur cremigen Sauce aufmixen und das Fischfilet damit überziehen.

GETRÄNK

Ein gehaltvoller Silvaner aus Franken oder, noch interessanter, ein Sauvignon blanc aus Württemberg.

ZUTATEN

Für vier Personen:

je 1 Tasse geputztes Gemüse:
Mairübchen (geviertelt)
Spargel (in Stücken à 3 cm)
Maiskölbchen (längs halbiert, eventuell auch zusätzlich quer)
Radieschen (geviertelt)
Mangetouts (entspitzt)
Spinatblätter
2 EL neutrales Öl
1 EL Sesamöl
je 1 EL gehackter Ingwer, Knoblauch und Chili (nach Schärfeverträglichkeit)
Salz, Pfeffer
Zucker
2 EL Austernsauce
1 EL Sojasauce
ca. 2-3 EL Hühnerbrühe
Koriandergrün

Chinesisches Frühlingsgemüse aus dem Wok

Hier kann alles Verwendung finden, was der Markt gerade bietet: Mangetouts, Mairübchen, Spargelspitzen, Maiskölbchen, Spinat, sogar Radieschen.

Die Gemüse (in der oben angegebenen Reihefolge) nach Garzeit bereitstellen. Das Öl (beide Sorten!) im Wok erhitzen, nacheinander in rascher Folge die Gemüse hineinstreuen, auch die gewürfelten Würzzutaten. Salzen, pfeffern und zuckern, unter Rühren auf stärkster Hitze zwei Minuten braten. Wenn alles leuchtet und glänzt, die Würzflüssigkeiten zufügen, anschließend auch die Brühe.
Zum Schluss reichlich zerzupftes oder grob gehacktes Koriandergrün darüber streuen und sofort servieren.

BEILAGE

Sehr witzig sind dazu **gedämpfte Eier**: Pro Person ein bis zwei Eier auf einen mit Sesamöl eingepinselten Teller gleiten lassen, mit Sojasauce und Sesamöl beträufeln und mit Koriandergrün bestreuen. Über Wasserdampf im Wok drei Minuten gar ziehen lassen. Auf dem Gemüse servieren, dazu duftigen Reis. Auf diese Weise gegart, bekommen die Eier eine unnachahmlich zarte Konsistenz!

GETRÄNK

Es gibt dazu einen duftigen Muskateller vom Kaiserstuhl oder einen gelben Muskateller aus der Steiermark – eine perfekte, frühlingsleichte Kombination!

FRÜHLINGSROHKOST

Im Frühjahr servieren wir gern Crudités zum Aperitif. Kohlrabi, Radieschen, Rübchen essen wir ohnehin am liebsten so: Das Gemüse geputzt, geschält, wo nötig, bei Radieschen oder Rübchen immer einen grünen Schopf lassen, das sieht hübsch aus!
Dann Olivenöl auf den Tisch, jeder bekommt ein kleines eigenes Schälchen, Salz steht auf dem Tisch, und jetzt kann jeder seinen Bissen ins gute, fruchtige Öl stippen. Da kann man mitunter nicht mehr aufhören!

TIPP

Auf einem Teller über Dampf gegart, werden Eier besonders zart!

ZUTATEN

Für vier Personen:

Spinatpfannkuchenteig:
1,5 kg Spinat
Salz
½ l Milch
200 g Mehl
3 Eier
Salz, Pfeffer
Muskat

Außerdem:
Öl oder Butterschmalz zum Ausbacken
1-2 Zwiebeln
4 Knoblauchzehen
Salz, Pfeffer
Muskat
200 g Büffelmozzarella und/oder Ziegenfrischkäse
3 EL Olivenöl
2 Eier
⅛ l Sahne
⅛ bis ¼ l kräftige Brühe
75 g geriebener Käse

Spinatpfannkuchen

Sie sind deshalb besonders pfiffig, weil sowohl im Pfannkuchenteig wie als Füllung Spinat im Spiel ist: Der wird zunächst blanchiert und anschließend eine Portion davon im Mixer püriert – der färbt den Pfannkuchenteig leuchtend grün. Der restliche Spinat wird mit Zwiebeln und Knoblauch gedünstet und schließlich mit Mozzarellawürfeln in die Pfannkuchen eingewickelt. Zum Servieren kommen die Rollen in eine flache Form, werden mit Eiersahne übergossen, mit Käse bestreut und gebacken. Ein herrliches Frühlingsessen, das sich ideal vorbereiten lässt.

1 Spinat verlesen, Stiele abknipsen, die Blätter in kochendem Salzwasser blanchieren, eiskalt abschrecken. Ein Viertel davon im Mixer pürieren, dabei etwas Milch zufügen, damit sich der Spinat besser auflöst. Schließlich auch Mehl und Eier mitmixen und so viel Milch zugeben, bis ein dünnflüssiger Pfannkuchenteig entstanden ist. Salzen, pfeffern und mit Muskat würzen. Eine halbe Stunde quellen lassen. Erst dann daraus dünne Crêpes backen.

2 Für die Füllung den restlichen Spinat zerpflücken. Zwiebel fein würfeln und im heißen Öl anschwitzen. Bevor sie sich bräunlich färben, den gehackten Knoblauch zufügen und mitdünsten. Schließlich den Spinat untermischen und mit Salz, Pfeffer und Muskat abschmecken.

3 Den Mozzarella in zentimetergroße Würfel schneiden und mit Olivenöl, Salz und Pfeffer würzen. Den Ziegenfrischkäse mit einem Teelöffel in Bröckchen teilen und würzen.

4 Die Pfannkuchen jetzt jeweils mit etwas Spinat belegen, darauf Mozzarellawürfel und/oder Frischkäsebröckchen verteilen, die Pfannkuchen aufrollen und nebeneinander in eine feuerfeste Form setzen.

5 Eier mit Sahne und Brühe glatt quirlen, abschmecken, über die Pfannkuchen gießen und mit Käse bestreuen. Im 180 °C heißen Backofen etwa 20 Minuten backen, bis alles heiß ist und die Eiersahne gestockt.

Beilage: Unbedingt eine große Schüssel mit grünem Salat.

Getränk: Ein junger, frühlingsleichter, aber kraftvoller und eleganter Spätburgunder-Rotwein. Wir fanden dazu besonders passend den vom Weingut Gies-Düppel in Birkweiler/Pfalz.

Pasta mit Frühlingsgemüse

Hier ist wieder alles erlaubt, was gerade vorhanden ist: Die Gemüse werden geputzt und zugeschnitten und dann – ihrer Garzeit entsprechend, die mit der längsten zuerst – in einem flachen Topf angedünstet. Schließlich etwas Hühnerbrühe dazugeben und zugedeckt weich, aber bissfest dünsten. Zum Schluss kommt reichlich Petersilie hinein, und es wird alles mit frisch gekochter Pasta vermischt – geriebener Parmesan und ein Stück Butter dazu und sofort servieren. Und zwar sollte die Pasta in ihrer Form dem Gemüse entsprechen: dicke Würfel etwa mit Rigatoni oder ähnlichem mischen, schmale Streifen mit Tagliatelle usw.

1 Das Gemüse nach seiner Garzeit im heißen Öl andünsten, dabei würzen mit Salz, Pfeffer, Cayennepfeffer, Macis und/oder Muskat. Zugedeckt erst einmal im eigenen Saft dünsten, nach und nach etwas Brühe angießen. Das Gemüse soll unbedingt Farbe und Biss bewahren.

2 Die Pasta mittlerweile bissfest kochen, schließlich abgießen und unter das Gemüse mischen, dabei gleichzeitig Parmesan und Butter einschwenken sowie den gehackten Majoran oder zerzupftes Basilikum untermischen. Sofort auf tiefen Tellern anrichten und servieren.

ZUTATEN

Für vier Personen:

5-6 Tassen geputztes Gemüse (Möhren, junge Zwiebel, Knoblauch, Puffbohnen, grüne Bohnen, Erbsen etc.)
3 EL Olivenöl
Salz, Pfeffer
Cayennepfeffer
Macis oder Muskat
knapp 1/8 l Hühnerbrühe
500 g Pasta
3 gehäufte EL frisch geriebener Parmesan
2 EL Butter
reichlich frischer Majoran oder Basilikum

Kirschen

Das Lieblingsobst des Sommers

Kirschen! Sind sie nicht ein wunderbares, das einzig wahre Sommerobst? Auf einem Mäuerchen in der Sonne sitzen, eine Tüte Kirschen in der Hand und dann die Kerne in die Gegend spucken ... das ist Glück! Auch wenn ganze Generationen von Tanten, Müttern und Großmüttern immer gewarnt haben: »Kind! Iss nicht so viele Kirschen, das ist ungesund.« Oder: »Auf keinen Fall darfst du trinken, wenn du Kirschen gegessen hast!« Man durfte auch nicht schwimmen gehen, wenn man Kirschen im Bauch hatte, und überhaupt wurde gerade dieses Obst aus unerfindlichen Gründen stets nur limitiert an Kinder ausgegeben.

Dabei sind gerade Kirschen einfach unübertroffen, die dickfleischigen und knorpseligen, die dunkelroten oder die saftigen schwarzen, die so hartnäckige Flecken auf der weißen Bluse hinterlassen ... (Tipp, wie man sie gut wieder rauskriegt: Mit Zitronensaft einreiben und die Bluse in die Sonne legen, anschließend normal waschen!) Und dann die hellroten, zuckersüßen! Aber auch die fruchtigen Sauerkirschen mit ihrer herben Note.

Kirschen sind ja inzwischen geradezu ein Luxusobst geworden, weil kaum einer mehr sich mit der Ernte plagen will. Auf Bäume klettern und pflücken ist ein mühsames Geschäft, und so kommt es, dass Kirschen aus heimischem Anbau immer rarer und kostbarer werden. Außerdem haben sie tatsächlich eine kurze und im jeweiligen Anbaugebiet sehr genau bemessene Saison: Zwischen Ende Mai (am Kaiserstuhl) bis in den August (auf Rügen) werden sie reif, je nach Sorte und Klima. Sie lassen sich nicht gut aufbewahren, verderben auf dem Weg zum Verbraucher rasch, und wenn dieser zu lange dauert, verlieren sie ihre schöne Knackigkeit. Also sind Kirschen etwas Besonderes, und deshalb haben wir uns überlegt, wie man die Kirschenzeit noch besser nutzen kann.

Was Kirschen mit Rosen gemeinsam haben

Tatsächlich gehört die Kirsche zur Familie der Rosengewächse, wenn auch die Ähnlichkeit nicht auf den ersten Blick ins Auge fällt. Sie stammt von der im Kaukasus wild vorkommenden Vogelkirsche ab. Es wurden dann rund um das Schwarze Meer im Laufe der Zeit Bäume gezüchtet, die immer saftigere Früchte produzierten. Und schließlich soll der römische Feldherr Lukullus 74 v. Chr. die ersten

Kirschbäume von dort nach Europa gebracht haben, wo sie sich dann schnell verbreiteten.

Was alles in Kirschen steckt

In den glänzenden roten Kugeln ist die Gesundheit sozusagen geballt vorhanden: Kirschen enthalten Kalium, Kalzium, Phosphor und Magnesium, außerdem reichlich Zink, ein Spurenelement, das wir besonders nötig brauchen, aber nicht überall so großzügig finden wie in Kirschen. Außerdem steckt darin eine gute Mischung von Vitaminen, angefangen vom Provitamin A, die Vitamine der B-Gruppe sowie die Vitamine C und E. Obendrein wirken die roten Farbstoffe der Frucht, die so genannten Anthozyane, entzündungshemmend und helfen beim Aufbau des Bindegewebes. Und es lässt sich tatsächlich an der Intensität der Farbe ablesen: Je röter die Frucht, desto mehr bioaktive Stoffe enthält sie. Insgesamt kann man ganz allgemein sagen, dass Kirschen ein perfektes Naturheilmittel sind, sie wirken schützend bei Rheuma, Gicht und Gewebeschwäche, sogar bei Herz- und Kreislaufproblemen.

Tipps für den Einkauf

Knackig sollten die Kirschen aussehen, wenn Sie sie kaufen, prall und wie hochglanzpoliert. Nach spätestens drei, vier Tagen werden auch die glänzendsten Früchte matt. Und: Sie sollten noch den Stiel haben, der sie frisch hält. Sobald dieser fehlt, können durch die dann aufgerissene Öffnung Fäulnisbakterien eindringen. Risse beweisen, dass die Früchte in den letzten Tagen vor der Ernte zu viel Regen abbekommen haben – sie halten dann nicht mehr lange. Und gequetschte Stellen sind ein Zeichen, dass man nicht ausreichend pfleglich damit umgegangen ist.
Kirschen sollten stets kühl aufbewahrt werden, aber spätestens nach drei, vier Tagen verspeist sein. Man kann Kirschen einfrieren, allerdings eignen sie sich dann nur noch, um weiterverarbeitet zu werden, zu Kompott, für ein Ragout oder zu Konfitüre.
Kirschen entsteinen – dafür gibt es inzwischen ganz praktische Geräte, mit denen man ziemlich schnell einen ganzen Berg von Früchten verarbeiten kann. Es ist nicht unbedingt nötig, sie für Kompott oder Ragout zu entsteinen, mit Stein behalten sie sogar besser ihre Form und ihren Saft.

TIPP

Die Früchte vor dem Entsteinen kurz anfrieren und ihr Fleisch so fest werden lassen – natürlich nur, wenn man die Früchte anschließend kocht, also im Kompott oder Kuchen verarbeitet. Dann löst sich der Stein leichter, und die Früchte verlieren nicht so viel Saft.

ZUTATEN

Für vier Personen:

4 Semmeln (Brötchen) vom Vortag (insgesamt ca. 150 g)
2 EL Butter
500 g Kirschen
3 Eier
2 EL Zucker
1 Tütchen Vanillezucker
¼ l süße Sahne

Kirschenmichel

Der Klassiker, wie man ihn in Süddeutschland liebt, dort auch unter dem Namen Kerscheplotzer bekannt. Eine ziemlich gehaltvolle Sache, die man auch als süßes Hauptgericht servieren kann. Mit einer herzhaften Suppe vorneweg ist es schon eine ganze Mahlzeit, die nicht nur Kinder mögen! Wichtig: Eine flache Form verwenden, damit die Oberfläche mit den gerösteten, süß getränkten Brotwürfeln umso größer wird – für viele ist sie das Beste an der ganzen Speise.

1 Die Semmeln in Würfel von zwei Zentimetern Kantenlänge schneiden. In einer Pfanne die Butter haselnussbraun werden lassen, die Brotwürfel darin unter kräftigem Schütteln und Wenden golden anrösten. Dadurch bekommen sie nicht nur Farbe, sondern auch Geschmack. Die Würfel in einer feuerfesten Form verteilen – man kann auch Portionsförmchen nehmen, wenn man die Speise als einen kleinen Nachtisch servieren will (dann reicht die Menge für etwa doppelt so viele Personen).

2 Schließlich entstielte (nach Belieben auch entsteinte) Kirschen dazwischenstreuen. Die Eier mit Zucker, Vanillezucker und Sahne glatt quirlen und gleichmäßig über die Semmelwürfel verteilen.

3 Unbedingt eine halbe Stunde durchziehen lassen, damit das Brot die Flüssigkeit aufnehmen kann. Erst dann die Form in den 200 °C heißen Ofen stellen und den Kirschenmichel etwa 30 Minuten backen, bis die Oberfläche appetitlich gebräunt und knusprig ist.

TIPP

Man kann zum Kirschenmichel auch geschlagene Sahne reichen …

GETRÄNK

Gut passt ein ganz junger, leichter Rotwein, zum Beispiel ein Trollinger.

Clafoutis

Das ist der elegante Cousin des eher bäuerlichen Kirschenmichel aus Frankreich: Hier ist die Basis ein duftiger Rührteig, der jedoch statt mit Mehl mit Semmelbröseln und gemahlenen Mandeln angerührt wird. Ursprünglich jedoch nahm man auch in Frankreich einen eher einfachen Pfannkuchenteig, der etwas dicker als üblich gehalten war. Unter diese Masse werden die Kirschen gehoben und entweder ebenfalls in einer Pieform oder in einer Auflaufform gebacken.

1 Brotbrösel und Mandeln mit Weißwein und Kirschwasser benetzen und durchziehen lassen. Inzwischen Butter, Zucker und Eigelb mit dem Handrührer hell und cremig schlagen. Die Brösel und Mandeln unterrühren, schließlich die entstielten Kirschen. Erst jetzt das steif geschlagene Eiweiß unterheben (beim Schlagen zu Beginn eine Salzprise zufügen!).

2 Die Masse in eine feuerfeste, sorgfältig gebutterte und mit Bröseln ausgestreute Auflaufform füllen. Bei 200 °C etwa 45 Minuten backen.

Der Clafoutis schmeckt am besten lauwarm, und es gehört ein großzügiger Schlag steif geschlagener Sahne hinzu!

GETRÄNK

Zu dieser französischen Variante gibt es natürlich auch den passenden Wein: einen Beaujolais.

TIPP

Für den Clafoutis muss man die Kirschen nicht unbedingt entsteinen, denn mit Stein behalten sie besser die Form und ihren Saft. Aber unbedingt den Gästen Bescheid sagen, dass sie unter Umständen auf Kirschkerne beißen, sonst gibt's womöglich Probleme mit den Zähnen!

ZUTATEN

Für eine Pie- oder Springform (für vier Personen):

50 g Semmel- oder Kuchenbrösel
50 g gemahlene Mandeln
4 EL Weißwein
1 EL Kirschwasser
75 g weiche Butter
100 g Zucker
3 Eigelb
500 g Kirschen
3 Eiweiß
1 Prise Salz

Außerdem:
Butter und Brösel für die Form

ZUTATEN

Für vier bis sechs Personen:

1 kg Kirschen
500 g reife, feste Aprikosen

Sirup:
200 g Zucker
1 Tütchen Vanillezucker
¼ bis ⅜ l fruchtiger Rotwein
ca. ⅛ l Portwein
1 frisches Lorbeerblatt
1 frische, grüne Chilischote

Kirschkompott mit Aprikosen
(und luftiger Quarkspeise)

Eigentlich ist ein Kompott eine Delikatesse, aber leider weiß das kaum mehr einer, weil jeder nur noch an das farblose fertige Kompott im Glas denkt, das nach nichts schmeckt. Es lohnt sich sehr, ein Kompott selber anzusetzen! Und Kirschkompott mit Aprikosen – das ist durchaus noch eine Steigerung einer ohnehin schon köstlichen Sache! Und: Es ist alles wieder mal unglaublich einfach!

1 Die Kirschen waschen, die Stiele mit einer Schere kappen, etwa zwei Zentimeter stehen lassen (so behalten die Früchte besser ihre Form und Farbe, wenn man die Stiele dranlässt!) Die Aprikosen halbieren und entsteinen.

2 Aus den angegebenen Zutaten einen Sirup kochen, etwa fünf Minuten auf kleiner Flamme, bis er duftet. Das Obst hineingeben, es sollte nunmehr knapp davon bedeckt sein. Unterhalb des Siedepunkts etwa 15 Minuten leise ziehen und anschließend im Sud abkühlen lassen.

3 Das Kompott schmeckt wunderbar allein, natürlich gut gekühlt. Es ist aber auch eine köstliche Begleitung zu einer luftigen Quarkspeise (siehe nächstes Rezept).

Luftige Quarkspeise

Wieder mal kinderleicht gemacht, bringt aber mächtig Erfolg. Hier kann niemand widerstehen!

1 Den Quark mit dem Zucker glatt rühren. Die Sahne mit Zitronenschale und Vanillezucker würzen und steif schlagen, in zwei Portionen unterziehen. Diese Masse in ein mit einem Tuch oder Küchenpapier ausgeschlagenes Sieb füllen. Vier Stunden lang, besser noch bis zum nächsten Tag, im Kühlschrank abtropfen lassen.

2 Zum Servieren entweder stürzen, auf einer Platte anrichten und dann mit dem Kompott umkränzen. Oder mit einem Esslöffel Nocken abstechen und auf Desserttellern hübsch dekorieren.

Natürlich kann man sie auch mit Beeren oder anderen Früchten der Saison anrichten und mit einer Frucht- oder Vanillesauce dekorieren.

GETRÄNK

Zu diesem Dessert passt am besten etwas Prickelndes, ein Prosecco etwa oder auch ein Winzersekt.

ZUTATEN

Für vier Personen:

250 g Magerquark
50 g Zucker
¼ l süße Sahne
abgeriebene Schale einer halben Zitrone
1 EL Vanillezucker

Vanillewaffeln

Die ideale Begleitung zum Kompott sind übrigens Waffeln. Auch so eine Lieblingsspeise, die leider ein wenig in Vergessenheit geraten ist. Kaum jemand macht sich noch die Mühe, Waffeln zu backen. Dabei ist es doch eine so wunderbare Sache: Da ist bereits der Weg das Ziel, wenn jeder mal versuchen darf, als Waffelbäcker zu brillieren. Der Teig ist schnell angerührt – und so ein Waffeleisen haben Sie doch sicher auch mal geschenkt bekommen und noch in der letzten Ecke Ihres Küchenschranks herumstehen, wo es seit Jahren verstaubt ...

ZUTATEN

Für vier bis sechs Personen:

125 g weiche Butter
4 Eigelb
50 g Zucker
125 g Mehl
1/8 l Sahne
1 Prise Salz
4 Eiweiß

1 Die Butter mit dem Rührbesen des Handrührers schaumig schlagen, dabei das Eigelb sowie den Zucker zufügen, zu guter Letzt das Mehl und die Sahne unterrühren. Die Salzprise nicht vergessen! Den Teig eine halbe Stunde ruhen und ausquellen lassen.

2 Erst unmittelbar vor dem Ausbacken den sehr steif geschlagenen Eischnee unterziehen. In rascher Folge im heißen, mit Butter ausgepinselten Eisen Waffeln backen.

Die Waffeln schmecken am besten warm, frisch aus dem Waffeleisen, so sind sie zusammen mit dem gut gekühlten Kompott ein wahres Vergnügen.

TIPP

Die Hälfte des Mehls mit geriebenen Mandeln ersetzen, die Waffeln werden dadurch krumiger.

ZUTATEN

Für vier bis sechs Personen:

100 g dunkle Edelbitterschokolade
(zum Beispiel: Valrhona)
25 makellos schöne, reife Kirschen

Schokokirschen

Ein unwiderstehlicher Leckerbissen: Sieht bildschön aus und schmeckt auch so! Natürlich muss man eine gute dunkle Schokolade dafür nehmen, mit hohem Kakaoanteil, mindestens 70 Prozent, es darf auch mehr sein!

1 Die Schokolade behutsam schmelzen, sie darf auf keinen Fall heißer werden als 32 °C, sonst wird sie nach dem Abkühlen grau. Man spürt die Temperatur, wenn man ein Holzstäbchen in die Schokolade taucht und an die Lippen hält: Es muss sich kühl anfühlen, denn unsere Körpertemperatur liegt höher!

2 Damit die Schokolade später einen schönen Glanz erhält, sollte sie nach einem ersten Erwärmen zunächst wieder abgekühlt und erneut zum Schmelzen gebracht werden. Ein kleines Töpfchen dafür wählen, damit man die Kirschen später auch tatsächlich in der Schokolade versinken lassen kann. Bevor man die Kirschen in die Schokolade taucht, sollte man sie gut kühlen. Und die Schokolade sollte ebenfalls abgekühlt sein, so weit, dass sie gerade eben noch flüssig genug ist, um sich um die Kirsche zu schmiegen.

3 Die Kirschen zum Trocknen auf ein Stück Klarsichtfolie setzen – dadurch bekommen sie später ein glattes Füßchen und lösen sich absolut schadlos davon ab. Falls sie partout nicht stehen wollen, schneidet man ihnen einfach gegenüber dem Stiel ein Scheibchen ab! Dann halten sie sich allerdings nicht mehr lange, deshalb bald aufessen!

ZUTATEN

Für zwei Personen:

250 g ausgelöstes Rückenfilet vom Reh
Salz, Pfeffer
2 EL Olivenöl
30 g Butter
2-3 Thymianzweiglein
1 Rosmarinzweig
1 Schalotte
250 g Kirschen
1 Gläschen Kirschwasser
1 Glas Rotwein
2-3 EL Rehfond (selbst gemacht, notfalls Fertigprodukt)

Rehmadaillons mit Kirschsauce

Kirschen müssen ja nicht immer nur süß verspeist werden, sie passen auch durchaus zu Herzhaftem. Vor allem zum Reh sind sie eine fruchtig-herbe Begleitung. Statt des Filets vom Reh kann man übrigens auch die ausgelöste Brust von der Ente nehmen.

1 Das Fleisch von Häuten und Sehnen säubern. Salzen und pfeffern. Das Olivenöl in einer Pfanne erhitzen, einen Esslöffel Butter darin schmelzen und das Fleischstück auf allen Seiten sanft, aber nachdrücklich anbraten. Die Kräuterzweige mitbraten, damit sie dem Bratfett ihren Duft mitteilen. Insgesamt schön langsam etwa 20 Minuten braten, dabei das Fleischstück immer wieder drehen und wenden, damit es gleichmäßig durchziehen kann.

2 Das Fleisch in Folie gewickelt ruhen lassen, am besten im 100 °C warmen Backofen, bis alles Weitere erledigt ist. Dann das Bratfett wegkippen, die fein geschnittene Schalotte in einem Esslöffel frischer, aufschäumender Butter andünsten. Die Kirschen (nach Belieben entsteint) zufügen. Rasch mit den Flüssigkeiten ablöschen. Zwei Minuten kräftig köcheln. Schließlich die restliche Butter in Stückchen zufügen und behutsam einschwenken.

3 Das Fleisch schräg in zentimeterdünne Medaillons aufschneiden und auf Tellern verteilen. Die Kirschen als Garnitur danebensetzen und die Sauce darumgießen. Gut schmecken dazu feine Nudeln oder handgeschabte Spätzle und kurz gedünsteter Spitzkohl mit winzig kleinen ausgelassenen Speckwürfelchen.

Sommerkohl

1 Den jungen Spitzkohl putzen: den Kopf vierteln, den harten Strunk in der Mitte herausschneiden, welke Außenblätter natürlich entfernen. Die Viertel quer in zweifingerbreite Streifen schneiden.

2 Durchwachsenen Bauchspeck in dünnen Scheiben in feine Streifen schneiden. In einem Löffel Butter in einem ausreichend großen Topf sanft anrösten. Sie sollen nur ein kleines bisschen bräunen. Den Kümmel kurz darin anziehen lassen, bevor der Kohl zugefügt wird, damit gründlich vermischen. Salz und andere Gewürze im Mörser zerstoßen, den Kohl damit würzen. Den Deckel auflegen und das Gemüse in seinem eigenen Saft auf mildem Feuer zehn Minuten sanft dünsten. (Sollte der Kohl nicht mehr jung genug sein und nicht genügend Flüssigkeit abgeben, eine kleine Schöpfkelle Brühe angießen.)

3 Der Spitzkohl soll seine schöne Farbe behalten und ruhig auch etwas Biss, er darf also nicht zu lange dünsten.

GETRÄNK

Wir trinken dazu eine elegante Burgunder Spätlese vom Kaiserstuhl, die mit ihren Kirscharomen wunderbar zum Reh mit seiner Sauce passt.

ZUTATEN

Für zwei Personen:

1 Spitzkohlkopf
50 g durchwachsenen, luftgetrockneten Bauchspeck
1 EL Butter
1 TL Kümmel
Salz
2-4 Pimentkörner
½ TL Pfefferkörner
Muskat
evtl. etwas Brühe

Knoblauch

Der Duft von Sommer und Ferien

Nichts spaltet die Menschen gründlicher in zwei Lager: Die einen lieben Knoblauch über alles, für sie wäre ein Essen ohne Knoblauch kulinarisch eine verlorene Mahlzeit; die anderen verabscheuen ihn, halten den typischen Duft für unerträglich, behaupten sogar, sie vertrügen ihn nicht ...
Es lässt sich jedoch feststellen, dass man Knoblauch lieben lernen kann, zum Beispiel auf Reisen in südliche Länder. Und mobil, wie wir Menschen nun einmal sind, werden die »Knofelfans« deutlich spürbar immer mehr ... Acht von zehn Deutschen, so hat eine repräsentative Umfrage ergeben, essen Knoblauch. Frauen sind übrigens die größeren Fans: Sie schätzen die duftende Knolle zu 88 Prozent, während nur 75 Prozent der Männer angaben, dass sie gerne Knoblauch essen.
Erfreuliche Begleiterscheinung ist, dass die gesteigerte Nachfrage in unseren Gemüseläden das Angebot deutlich verbessert hat. Die armseligen Knoblauchknöllchen, klein, verhutzelt und ohne Saft, die man früher nach einigem Suchen ganz unten im Regal der Gemüse-

abteilung fand, gibt es heute kaum mehr, zumindest ist der Knoblauchliebhaber längst nicht mehr darauf angewiesen. Denn es wird überall auch frischer Knoblauch angeboten, handtellergroße, saftige Exemplare, bereits ab März zum Beispiel aus der Türkei oder aus Ägypten importiert. Noch besser ist der Knoblauch, der im April schon aus Sizilien kommt; Ende Mai und im Juni kann man dann in jungem Knoblauch aus der Provence schwelgen. Von hier kommt der feine violette beziehungsweise rosa Knoblauch, der als besonders köstlich gilt. Schon Ende Juli und im August kann man auch in unseren Breiten Knoblauch ernten. Und wer weiß – wenn sich die Knoblauchbegeisterung weiter so ausbreitet, werden ja vielleicht auch unsere Bauern und Gärtner wieder verstärkt Knoblauch anbauen. Sogar im so genannten Knoblauchland, der Region südöstlich von Nürnberg, wird ja leider trotz des Namens heute kaum mehr Knoblauch gezogen. Dabei ist die schöne weiße Knolle anspruchslos und gedeiht in lockerem Boden ohne große Fürsorge. Auch tut Knoblauch im Gemüsegarten besondere Dienste: Möhren lieben diese duftende Nachbarschaft und danken sie mit kräftigem und gesundem Wuchs. Und ein Knoblauchsud hilft, über die Pflanzen gesprüht, Ungeziefer zu vertreiben.

Knoblauch im Garten

Auch in einem kleinen Garten lässt sich ein Knoblauchvorrat selber ziehen: Einzelne Knoblauchzehen am besten bereits im Herbst, bevor die ersten Fröste übers Land ziehen, nicht zu tief in den Boden stecken. Die Spitze sollte nach oben zeigen und nicht mehr als zwei Zentimeter von der Oberfläche entfernt sein. Im Frühjahr wird sich schon bald das lauchähnliche Laub zeigen. Und im Juni, Juli, sobald dieses Laub sich braun färbt und umkippt, darf man ernten: Behutsam, aber energisch am Laubschopf packen, mit Grabgabel schräg darunter stechen und nach oben drücken, dabei die Knolle aus dem Boden ziehen.
Die Knoblauchknollen trocknen lassen, bevor man sie bündelt – oder sich sogar die Mühe macht, sie zum Zopf zu flechten. Die kleinen Würzelchen am unteren Ende abschneiden, dabei jedoch darauf achten, dass die eigentliche Knolle nicht verletzt wird. Wer im Herbst versäumt hat, Knoblauch zu stecken, holt dies im März nach, kann dann jedoch erst Ende August oder im September ernten.

Eine anrüchige Sache oder vielmehr unschätzbares Heilmittel?

Die Knoblauchgegner stört der typische Geruch. Tatsächlich durchdringt Knoblauchduft alles; niemand, der Knoblauch gegessen hat,

kann dies verheimlichen. Und es nützt auch gar nichts, wenn man anschließend Petersilie speist, Kaffeebohnen zerbeißt oder Milch trinkt – all diese angeblichen Hausmittel, um Knoblauchduft zu vertreiben, haben eines gemeinsam: Sie taugen nichts. Denn der Knoblauchduft entströmt nicht nur dem Mund, sondern auch der Haut durch ihre Poren, er setzt sich dann in den Kleidern fest und ist einfach da. Das einzige Mittel, dem zu entgehen: ebenfalls Knoblauchwürziges essen; denn wer selber Knoblauch gegessen hat, nimmt den Duft gar nicht mehr wahr. So einfach ist das.

Manche Menschen halten Knoblauch für unfein. Ein ganz und gar überflüssiger Dünkel, zumal es wohl kaum ein bekömmlicheres und der Gesundheit zuträglicheres Gewürz gibt. Schon im Altertum wurde Knoblauch als Heilmittel eingesetzt. Längst sind inzwischen seine vielfältigen medizinischen Fähigkeiten wissenschaftlich erforscht und nachgewiesen: Knoblauch wirkt keimhemmend, also antibakteriell, blutreinigend, blutdrucksenkend, schützt vor Arterienverkalkung und hilft, den Blutfettspiegel (Cholesterin!) zu senken. Menschen, die regelmäßig Knoblauch essen, werden uralt, bleiben aktiv und erhalten sich ihre Widerstandskräfte.

Knoblauchdragees sind in Mode gekommen, weil sie die gesundheitlichen Vorzüge des Knoblauchs ohne seine angeblichen Nachteile – den Duft! – in sich haben. Aber uns geht es doch schließlich um den Genuss und nicht nur um die gesundheitlichen Aspekte. Zudem sehen wir im Duft durchaus keinen Nachteil. Dass man vor einem Zahnarztbesuch möglichst keine große Knoblauchorgien feiert, ist

sicherlich selbstverständlich – aber das hat etwas mit Erziehung und einer anderen Art von gutem Geschmack zu tun...
Und noch eins: Je frischer der Knoblauch, desto weniger unangenehm oder aufdringlich ist der Duft!

Die Mär vom grünen Keim

Im späten Herbst und im Winter beginnt auch sorgsam gelagerter Knoblauch zu keimen: Aus jeder einzelnen Zehe sprießt ein zunächst weißer, sobald er Licht erwischt, zunehmend grünlich werdender Keim. Ihn sollte man entfernen, heißt es immer, er sei bitter. Vielleicht gab es früher einmal Sorten, die bittere Keime entwickelten – wir haben jedoch noch nie Bitternis schmecken können und verwenden diese Keime mit, solange sie nicht dick und hart geworden sind. Aber das geschieht eigentlich erst zu einem Zeitpunkt, an dem wir längst schon wieder Knoblauch aus neuer Ernte in der Küche verwenden.

Knoblauch im Haushalt

Im Kleiderschrank aufbewahrt, hilft Knoblauch, Motten zu vertreiben. Allerdings ist es nicht jedermanns Sache, die Liebe zum Knoblauch derart deutlich bereits am Duft der Kleider erkennen zu lassen.
Damit Knoblauch frisch bleibt, gehört er jedoch keinesfalls in den Kühlschrank. Er liebt es zwar kühl, braucht es aber trocken und luftig. Er muss also dunkel (damit er nicht vorzeitig keimt), nicht zu warm (damit er nicht vorzeitig austrocknet) und absolut trocken (damit er nicht schimmelt oder schwitzt) aufbewahrt werden. Knoblauch sollte also in einem Korb oder auf einem Holzrost in der Speisekammer ausgebreitet lagern, in einer Papiertüte, nicht in Plastikbeuteln, oder, wenn es schon ein Gefäß sein sollte, dann unbedingt weithalsig und oben offen.
Knoblauchzöpfe, die man sich aus dem Urlaub mitgebracht hat, gehören zügig verbraucht und sollten nicht unbedingt neben dem Herd im Wasserdunst hängen.

ZUTATEN

Für vier bis sechs Personen:

5 EL Tahinpaste
Saft einer Zitrone
5-6 Knoblauchzehen
1 TL Chilipaste (Sambal oelek oder rotes Thaicurry)
1 TL Sojasauce
Salz, Pfeffer
ca. 1/8 l Olivenöl

Tahini (Knoblauch-Sesamsauce)

Diese Sauce kann man als Dipsauce nehmen, in die man rohes Gemüse oder auch nur Fladenbrot stippt, als Sauce zu Gegrilltem, zu Fondue oder zu gekochtem Gemüse. Die Basis dafür ist Tahin, eine fertige Sesampaste, die man in türkischen Läden oder in Asienshops bekommt.

Die Sesampaste mit Zitronensaft, Knoblauch und Gewürzen in den Mixer füllen und pürieren, dabei zunächst nur die Hälfte des Öls angießen. Erst wenn alles zu einer cremigen Paste zerkleinert ist, mehr Öl in den laufenden Mixer nachgießen, bis die Sauce eine dickflüssige, nicht mehr zu feste Konsistenz bekommen hat.

Die Sesamsauce kann man einige Tage in einem verschlossenen Schraubglas im Kühlschrank aufbewahren.

Panzanella

In diesem Wort steckt der italienische Begriff für Brot (pane) sowie das Wort für Wiege beziehungsweise Brotschüssel – denn man verwendet dafür das Brot, das vom Vortag in der Brotschüssel übrig geblieben ist, also bereits in Scheiben aufgeschnitten war und so durch und durch trocken ist. Was nämlich in anderen Regionen Italiens die Pasta oder der Reis sind, also Grundnahrungsmittel, ist in der Toskana das Brot. Helles, grobporiges, wunderbar knuspriges, übrigens ungesalzenes Brot. Dass es ungesalzen ist, verblüfft anfangs, man gewöhnt sich allerdings rasch daran, wenn man die stark gewürzten Ragouts oder Aufstrichpasten dazu genießt. Natürlich wird das Brot vom Vortag nicht weggeworfen, sondern sinnvoll in den Speiseplan eingebaut. Zum Beispiel als Salat:

1 Die Brotscheiben in einer Schüssel mit lauwarmem Wasser beträufeln und einweichen.

2 Inzwischen die Zwiebeln schälen, halbieren und in hauchfeine Ringe hobeln. Die Tomaten in kleine, unregelmäßige Stücke schneiden (häuten ist bei dieser Sorte nicht notwendig!). Die Gurke schälen, längs halbieren und mit einem Löffel entkernen. Das Gurkenfleisch in zentimeterkleine Würfel schneiden. Den Knoblauch winzig fein würfeln oder zerreiben. Die Kräuterblätter von den Stielen zupfen und in Streifen schneiden. Aus Salz, Pfeffer, Essig und Öl mit dem Schneebesen eine cremige Marinade rühren. Das Weißbrot gut

ZUTATEN

Für vier Personen:

6-8 Scheiben altbackenes, italienisches Weißbrot (oder ½ Baguette, in Scheiben geschnitten)
ca. ⅛ l Wasser
2 rote Zwiebeln
2-3 nur halbreife, noch grüne Stellen zeigende italienische Salattomaten
1 kleine Salatgurke
6 junge Knoblauchzehen
je 1 Bund glattblättrige Petersilie und Basilikum
Salz, Pfeffer
3-4 EL Rotweinessig
4 EL aromatisches Olivenöl

ausdrücken und in einer Salatschüssel zerzupfen. Mit der Marinade gründlich mischen. Die vorbereiteten Zutaten zufügen, alles sorgsam vermengen und etwa 15 Minuten durchziehen lassen, bevor serviert wird.

GETRÄNK

Ein milder Weißwein, zum Beispiel ein Malvasia, ein Pinot bianco aus der Toskana oder auch ein kräftigerer Pinot grigio aus dem Friaul.

TIPP

Statt des Apfels kann man auch Melonenkugeln oder Trauben als Einlage nehmen. Schmeckt ebenfalls fruchtig und ist nicht zu süß.

ZUTATEN

Für vier Personen:

½ Brötchen oder
2 Baguettescheiben
100 g Mandeln
6 Knoblauchzehen
3 EL Olivenöl
Wasser
2 EL Zitronensaft oder Essig
Salz, Pfeffer

Außerdem:
1 Apfel
Zitronensaft oder milder Essig
50 g luftgetrockneter Schinken
Zitronenmelisse
oder glattblättrige Petersilie

Ajo blanco (Spanische Knoblauchsuppe)

Eine wundervoll cremige, in der Konsistenz sanfte, aber im Geschmack enorm herzhafte Suppe.

1 Das Brötchen im Wasser einweichen. Inzwischen die Mandeln mit kochendem Wasser überbrühen, kalt abschrecken und von der Haut befreien. Das geht ganz einfach, indem man die Mandeln zwischen Daumen und Zeigefinger schnipst.

2 Die Knoblauchzehen schälen. Zusammen mit dem gut ausgedrückten Brötchen und dem Öl sowie ¼ l Wasser in den Mixer füllen. Auf starker Stufe zu einer glatten Paste mischen, dabei mit Zitronensaft oder Essig, Salz und Pfeffer würzen. Mit so viel Wasser verdünnen, bis eine angenehm glatte Konsistenz erreicht ist. Die Suppe bis zum Servieren kalt stellen.

3 In Suppentassen anrichten. Für die Garnitur den Apfel schälen, vom Kerngehäuse befreien und in kleine Würfel schneiden. Mit Zitronensaft beträufeln, damit diese sich nicht verfärben. Den Schinken in feine Streifen schneiden, ebenso die Petersilienblätter. Jeweils einen Teelöffel dieser Zutaten auf die Suppe streuen und zu Tisch bringen.

Provenzalisches Knoblauchhuhn

Ein leichtes, herkömmliches Sommeressen, das man auch gut als große Portion für viele Leute im Backofen auf dem tiefen Blech zubereiten kann. Für vier Personen nimmt man allerdings lieber einen normalen Schmortopf.

1 Das Huhn in acht Portionsstücke teilen: dafür zunächst mit einer Schere entlang dem Brustbein und dem Rückgrat in zwei Hälften schneiden. Die Schenkel abtrennen und im Gelenk in Ober- und Unterschenkel teilen. Das Bruststück schräg in zwei gleichwertige Stücke schneiden.

2 Das Öl in einem breiten Schmortopf erhitzen. Die Kräuterzweige zufügen. Die Knoblauchknollen, ungeschält, aber quer halbiert, auf ihrer Schnittfläche anbraten. Herausnehmen, um Platz für die Hühnerstücke zu schaffen.

3 Diese auf allen Seiten schön golden anbraten, dabei salzen und pfeffern. Knoblauch und die geachtelten Zitronen wieder zufügen.

4 Den Wein angießen. Darauf achten, dass die Hautseite der Hühnerstücke nach oben zeigt und nicht von Flüssigkeit bedeckt wird, damit sie schön knusprig werden kann.

5 Im 200 °C heißen Ofen etwa 30 Minuten braten. Die Hühnerteile und Zitronenstücke auf eine vorgewärmte Platte betten. Die Kräuterstiele aus dem Topf fischen und wegwerfen. Die Knoblauchhälften gut ausdrücken, das Püree in den Schmorsud rühren.

6 Die Hühnerbrühe angießen. Mit einem Schneebesen, besser noch mit dem Pürierstab, diese Sauce cremig aufschlagen, abschmecken und getrennt zu den Hühnerstücken servieren.

7 Dazu passt ein sahniges Kartoffelpüree oder einfach nur krumiges Weißbrot, mit dem sich die Sauce gut aufnehmen lässt. Und ein erfrischender Salat.

ZUTATEN

Für vier Personen:

1 schöne Poularde
von ca. 1200 g
3 EL Olivenöl
je 3 Thymian- und
Rosmarinzweige
6 Knoblauchknollen
Salz, Pfeffer
2 Zitronen (möglichst
unbehandelte)
1 Glas Weißwein
ca. 1/8 l kräftige Hühnerbrühe
oder Hühnerfond

TIPP

Wenn Sie nicht sicher sind, ob die Zitronen gespritzt sind oder nicht – im Zweifel sind sie es –, bürsten Sie sie unter fließendem Wasser gründlich ab!

ZUTATEN

Für vier bis sechs Personen:

1 Eigelb
6 Knoblauchzehen
1 TL scharfer Senf
¼ l Olivenöl
Salz, Pfeffer
Zitronensaft
Worcesterhiresauce
Senf
1 Prise Zucker

Außerdem:
hart gekochte Eier, Gemüse der Saison wie Blumenkohl, grüne Bohnen, Zucchini, Möhren, Kartoffeln

Eventuell:
800 g Kabeljaufilet
Salz
1 TL Senfsaat
1 TL Pfefferkörner
einige Petersilien-, Thymian- und Basilikumstängel

Die große Aioli

Das traditionelle Freitagsessen in der Provence: Fisch (meistens pochierter Stockfisch, aber auch gedünsteter Kabeljau) mit Gemüsen der Saison und ein Schüsselchen mit jener steifen gelben Sauce, nach der das ganze Gericht seinen Namen hat. Ursprünglich wurde diese Sauce aus Knoblauch und viel Olivenöl mit enormem Kraftaufwand im steinernen Mörser hergestellt. Ein Stückchen altbackenes, in Milch eingeweichtes, mitgestoßenes Brot machte die Sauce leichter, ließ sie allerdings auch schneller wieder zusammenfallen. Erst mit steigendem Wohlstand wurde auch Eigelb eingearbeitet. Inzwischen gibt es unzählige Aioli-Rezepte, jede Hausfrau schwört auf eine andere Zusammensetzung. In den feinen Restaurants, vor allem an der Küste, wo viel für Touristen gekocht wird, verzichtet man häufig auf einen Großteil des Knoblauchs, blanchiert ihn gar, um ihn seines Duftes zu berauben, oder nimmt gleich eine fertige Mayonnaise … Für den wahren Aioli-Fan natürlich undenkbar!

1 Für die Sauce Eigelb und Knoblauch mit dem Senf im Mixer pürieren, nach und nach langsam das Öl hinzufließen lassen. So lange mixen, bis die Sauce angenehm dick und standhaft ist. Mit Salz, Pfeffer, einigen Tropfen Zitronensaft, Worcestershiresauce, Senf und einer Prise Zucker würzen.

TIPP

Man isst das frisch gekochte Gemüse, jeden Bissen gewürzt mit etwas Aioli. Dazu gibt es Weißbrot und am besten einen kräftigen Rosé aus der Provence.

2 Die Gemüse putzen: Den Blumenkohl in Röschen teilen, die Bohnenspitzen oben und unten abschneiden, kleine Zucchini ganz lassen, größere quer in fingerdicke Stifte schneiden. Auch die Möhren – je nach Größe – ganz lassen, in Scheiben oder in Stifte schneiden.

3 Die Gemüse getrennt in Salzwasser bissfest kochen und heiß auf einer Platte anrichten, die Pellkartoffeln und hart gekochten Eier dazwischendrapieren.

4 Wer mag, serviert auch Fisch dazu: Dafür einen Sud aus Salzwasser mit Senfkörnern, Pfeffer und Kräuterstängeln zehn Minuten leise köcheln. Kurz vor dem Servieren die Fischfilets darin nur wenige Minuten sanft gar ziehen lassen.

Eingelegter Knoblauch

Passt zu gebratenem oder gekochtem Fleisch, zum Abendbrot mit Wurst und Schinken oder beim Grillfest. Die Knoblauchzehen müssen vor dem Verzehr aus ihrer Schale gepellt werden. Aber das geht ganz leicht.

1 Essig, Wasser, Zucker und Salz etwa fünf Minuten kochen.

2 Die Knoblauchknollen nur so weit pellen, dass die äußeren Zehen frei liegen, die Zehen selbst sollen jedoch ungeschält bleiben.

3 Die Knoblauchknollen in die Einmachgläser schichten. Mit dem kochendheißen Sud übergießen. Mindestens eine Woche ziehen lassen, bevor man den Knoblauch probiert. Er hält sich jedoch jahrelang.

ZUTATEN

Für zwei Einmachgläser à 500 g Inhalt:

300 ml milder Essig (z.B. Apfelessig)
300 ml Wasser
300 g Zucker
1 gestrichener TL Salz
500 g Knoblauchknollen

TIPP

Manchmal färbt sich der eingelegte Knoblauch grünlich-blau. Das kommt von schwefelhaltigen Verbindungen im Knoblauch (die durch bestimmte Dünger verstärkt werden), die auf im Essig enthaltene Stoffe reagieren. Es lässt sich vermeiden, indem man etwas Vitamin C hinzufügt.

Auberginen

Die schönsten Rezepte rund um die bildschöne Exotenfrucht

Jedermann versteht unter »auberginefarben« ein leuchtendes, glänzendes, klares Lila oder Violett. Dabei ist die Urmutter dieser Frucht, die einstmals aus Asien kam, eher von mattem, lindem Grün. In Thailand, wo, wie überall in Asien, Auberginen ein sehr beliebtes Gemüse sind, kennt man sogar eine weiße Variante.
Erst seit dem 17. Jahrhundert baut man Auberginen auch bei uns in Europa an. Dass man damals auch jene eiförmigen weißen Sorten kannte, bezeugt der englische Name des Gemüses: eggplant. Auch unsere Großeltern sprachen noch von Eierfrucht und meinten damit nicht nur die Form.
Hauptsächlich im Mittelmeerraum sind die aus Asien importierten Auberginen heimisch geworden. Denn sie lieben es heiß, brauchen viel Wärme und Sonne. Sie sind Nachtschattengewächse wie die ebenfalls sonnenhungrigen Tomaten und wie Kartoffeln. Mit letzteren

haben Auberginen noch eines gemein: Sie sind roh ungenießbar, entwickeln erst im gegarten Zustand Geschmack. Roh wirkt Auberginenfleisch wattig, hart, fad und unangenehm adstringierend. Sobald man es jedoch brät, dünstet, schmort, grillt oder mit Gewürzen kocht, entwickelt es ein wunderbares, sehr charakteristisches Aroma. Trotz des typischen Geschmacks sind Auberginen überaus anpassungsfähig und ordnen sich gern den unterschiedlichsten Gewürzen unter. Deshalb liebt man sie eigentlich in allen Küchen der Welt, vor allem natürlich überall dort, wo es heiß ist.

Auberginen-Gewürze

Man kann Auberginen mit allen Düften der Mittelmeerküche würzen: mit Knoblauch, Olivenöl, Thymian, Rosmarin, Salbei und Zitrone, mit Basilikum, Ruccola und was es da noch so alles gibt. Es passen aber auch durchaus eher zarte Aromen dazu, wie Butter, Zwiebel, Petersilie, Kerbel oder andere heimische Kräuter.
Und natürlich gehen Auberginen mit allen Spezereien der exotischen Küchen Asiens oder der arabischen Welt eine besonders interessante Verbindung ein: mit Ingwer, Thaicurrypaste, Thaikräutern, Soja- oder Fischsauce, Chili, Kardamom, Koriander, Safran, Kreuzkümmel usw.

Auberginen – eine kleine Warenkunde

Glänzend und straff müssen die Früchte aussehen, sich prall und fest anfühlen. Weiche, auf Fingerdruck wattig nachgebende Exemplare, womöglich gar mit Runzeln in der lila Haut, sind alt und kulinarisch kein Vergnügen. Früchte, die unter der heißen Mittelmeersonne haben reifen können, sind natürlich kräftiger im

Geschmack als Treibhausware, die man mit mehr Gewürzen aufpeppen muss. Die Form der Früchte sagt über ihren Geschmack weniger aus: Es gibt die länglichen, sehr schlanken Sorten, die meist rund ums Mittelmeer angebaut werden. Die dickbauchigen in Keulenform kommen eher aus Frankreich und den Treibhäusern Hollands. Aus Asien stammen kleine, nur fingerlange, sehr würzige Sorten im vertrauten Lila, aber auch grüne, leuchtend gelbe und gelb gestreifte Auberginen, in Größe und Form an Enteneier erinnernd. In Thailand liebt man grasgrüne, auch ins Weiß spielende, nur tischtennisballkleine runde Auberginen, sie schmecken sogar, im Gegensatz zu den anderen Auberginensorten, roh. Außerdem kennt man dort Winzlinge: lila glänzende Auberginen, die mal eben männerdaumenlang sind und ansonsten exakt so keulenförmig aussehen wie normal groß gewachsene Früchte. Man findet sie manchmal auch bei uns im Asienladen.
Und dann gibt es im Blumenladen manchmal Pflanzen zu kaufen, die eiförmige und eierschalenfarbene Früchte tragen; auch sie kann man wie alle anderen Auberginen kochen, braten, schmoren, dünsten – und anschließend natürlich essen!

1. Vorurteil:

Auberginen müssen gesalzen werden.
Man müsse Auberginenscheiben salzen oder in Salzwasser baden, liest man immer wieder. Dadurch würden Wasser und Bitterstoffe entzogen, und außerdem saugten sie beim Anbraten nicht mehr allzu viel Fett auf. In der Tat verändert sich durch das Salzen oder Salzbad die Zellenstruktur, es verdichtet sich die Fleischkonsistenz, und das Fett kann nicht mehr so ungehindert eindringen. Bitterstoffe sind jedoch in den meisten Auberginensorten kaum mehr zu finden – man hat sie herausgezüchtet. Stattdessen werden alle wertvollen Inhaltsstoffe herausgelöst und ausgeschwemmt – und das kann ja nicht erwünscht sein.
Damit Auberginen an der Luft nicht oxydieren und sich braun verfärben, bewahrt man sie bis zum Gebrauch mit Wasser bedeckt oder mit Öl eingepinselt auf. Aber im Wasser auf keinen Fall zu lange, sonst saugen sie sich damit voll.

2. Vorurteil:

Auberginen brauchen Fett, um Aroma zu entwickeln.
Tatsächlich saugen Auberginenscheiben, die man in Öl anbrät, zunächst sehr viel Fett auf, wie ein durstiger Schwamm. Sie geben jedoch, sobald sie gar sind, dieses Fett wieder ab. Machen Sie die Probe aufs Exempel: Erhitzen Sie halbzentimeterhoch Öl in einer Pfanne und braten Sie darin Scheiben oder Würfel von Auberginen. Sie werden zunächst mit Schrecken feststellen, dass alles Fett aus der Pfanne verschwindet; wenn Sie jedoch genügend Geduld aufbringen, ist nach einigen Minuten das meiste Fett wie durch Zauberei wieder in der Pfanne. Dann nämlich, wenn die Auberginen richtig angebraten und durch und durch vollkommen gar sind. Im Übrigen kann man Auberginen auch ohne jegliche Fettzugabe dünsten oder kochen. Mit asiatischen Gewürzen entwickeln sie auch ohne jedes Fett einen wunderbaren Geschmack!

ZUTATEN

Für vier Personen:

2 EL Wolkenohrpilze
250 g Schweinehackfleisch
1 TL Speisestärke
1 TL Sesamöl
1 EL Sojasauce
2 Frühlingszwiebeln
2 mittelgroße Auberginen
2 EL Öl
Salz, Pfeffer
je 1 EL gehackter Knoblauch,
Ingwer und Schalotte
2 getrocknete Chilischoten
2 EL Sojasauce
2 EL Sherry oder Reiswein
1/8 l Hühnerbrühe
chinesischer Schnittlauch

Geschmorte Auberginen auf Szechuan-Art

Dieses chinesische Gericht wird nicht schnell im Wok gebraten, sondern in einem Topf langsam geschmort.

1 Die Pilze mit Wasser überbrühen und einweichen.

2 Das Hackfleisch mit Stärke, Sesamöl und Sojasauce gründlich mischen und marinieren.

3 Das Weiße der Frühlingszwiebeln in schmale Ringe, das Grün in dreizentimeterlange Stücke schneiden.

4 Die Auberginen ungeschält längs in fingerdicke Streifen schneiden, dann auf etwa fünf Zentimeter kürzen. Im heißen Öl zwei Minuten lang anbraten, bis die Streifen rundum gebräunt sind. Mit einer Schaumkelle herausheben, beiseite stellen, salzen und pfeffern.

5 Im restlichen Bratenfett das Hackfleisch anbraten, dabei in rascher Folge Knoblauch, Ingwer, Schalotte, das Weiße der Frühlingszwiebeln, eingeweichte Pilze und entkernte Chilis zufügen. Sojasauce, Sherry oder Reiswein und Hühnerbrühe angießen.

6 Die Auberginen untermischen, zugedeckt alles miteinander etwa zehn Minuten schmoren. Zum Schluss noch einmal abschmecken und den in Streifen geschnittenen Schnittlauch unterrühren.

BEILAGE

Dazu passt ein duftiger Reis. Übrigens schmecken die geschmorten Auberginen auch kalt! So machen sie auf einem Buffet eine gute Figur.

Auberginenkaviar

Dahinter verbirgt sich eine fruchtig-erfrischende Creme, die man zusammen mit knusprigem Fladenbrot zum Aperitif servieren kann, die aber auch gut auf das Vorspeisenbüffet passt oder als Sauce beim Grillfest. Heiß in ein Schraubglas abgefüllt, hält sich der Auberginenkaviar auch gut einige Tage in Kühlschrank. Kaviar nennt man diese Speise, weil die kleinen Kernchen der Aubergine auch dann nicht zerkleinert werden, wenn man das Fruchtfleisch im Mixer püriert.

ZUTATEN

Für vier bis sechs Personen:

500 g Auberginen
1 große Fleischtomate
nach Belieben 1 rote Paprikaschote
3 Knoblauchzehen
Saft einer halben Zitrone
Salz, Pfeffer
3 EL Olivenöl

1 Die Auberginen, Tomate und Paprika auf einem Stück Alufolie in den auf 250 °C vorgeheizten Backofen legen und etwa 20 Minuten backen, bis jeweils das Innere weich und die Schale rundum schwarz geworden ist.

2 Aus den Auberginen mit einem Löffel das Fleisch herausschaben. Von der Tomate und der Paprikaschote die Haut abziehen und die Kerne herausstreifen. Das Fleisch in einen Mixer füllen.

3 Die Knoblauchzehen schälen, zusammen mit dem Zitronensaft, Salz, Pfeffer und Olivenöl ebenfalls in den Mixer geben.

4 Alles auf stärkster Stufe zum glatten Püree mixen, noch einmal abschmecken und warm oder gut gekühlt servieren.

Überbackene Auberginenröllchen mit Mozzarella und frischen Tomaten

Eine herrliche Vorspeise oder eine Gemüsemahlzeit, die sich mühelos vorbereiten lässt, zumal man sie sogar sehr gut lauwarm servieren kann.

1 Die Auberginen längs mit einem großen scharfen Messer oder auf der Aufschnittmaschine in gleichmäßig dicke, knapp halbzentimeterstarke Scheiben schneiden.

2 In einer großen Pfanne das Öl erhitzen, die Scheiben nebeneinander liegend darin sanft, aber energisch so lange auf beiden Seiten braten, bis sie schön braun geworden sind und das Fleisch weich und zart ist. Währenddessen mit Salz und Pfeffer würzen. Schließlich auf Küchenpapier abtropfen lassen.

3 Den Käse in zentimetergroße Würfel schneiden. Die Basilikumblätter zerzupfen – nicht hacken, weil sonst die ätherischen Öle, in denen aller Duft und Geschmack steckt, verfliegen – und damit vermischen.

4 Die Tomaten häuten, entkernen und das Fruchtwasser entfernen. Das Tomatenfleisch fein hacken. Unbedingt mit der Hand und nicht im Mixer, es soll eine Struktur erhalten bleiben. Das Tomatenfleisch in einem Sieb abtropfen lassen.

5 Ein Drittel des Tomatenfleischs mit dem Käse und Basilikum mischen, dabei mit Salz, Pfeffer und einigen Tropfen Olivenöl würzen.

6 Jeweils ein Häufchen dieser Käsemischung auf das breitere Ende der gebratenen Auberginenscheiben setzen, diese aufrollen und nebeneinander in eine flache, feuerfeste Form setzen.

7 Das restliche Tomatenfleisch darüber verteilen, den geriebenen Käse darüber streuen und alles mit Olivenöl beträufeln.

8 Die Form für etwa 15 Minuten in den 220 °C heißen Ofen schieben, bis die Tomaten brodeln und der Käse im Inneren der Röllchen geschmolzen ist.

ZUTATEN

Für vier bis sechs Personen:

2 mittelgroße Auberginen
3-4 EL Olivenöl
Salz, Pfeffer
250 g Mozzarella
1 Bund Basilikum
1 kg Tomaten
100 g frisch geriebener Parmesan
Olivenöl zum Beträufeln

Gebratene Auberginen mit Joghurtsauce

Die Auberginen werden hierfür genauso in Scheiben geschnitten und gebraten wie im vorhergehenden Rezept für die Röllchen angegeben. Große Früchte kann man auch gut quer in Scheiben schneiden – sonst sind sie unförmig lang.
Übrigens kann man sie auch grillen, zum Beispiel beim Grillfest im Garten. In diesem Fall lässt man die Auberginenscheiben eine Zeitlang in mit Thymian und Knoblauch gewürztem Olivenöl baden.
Die Auberginen werden kalt oder auch warm gegessen. Dazu serviert man folgende Sauce:

1 Den Joghurt in einem Sieb über Nacht abtropfen lassen. Dann mit Salz, Pfeffer, durch die Presse gedrücktem Knoblauch und Olivenöl glatt rühren.

2 Nach Belieben mit Cayennepfeffer, Rosenpaprika oder einem Schuss Chilisauce schärfen.

3 Zum Schluss fein geschnittene Petersilie oder Basilikum unterrühren.

ZUTATEN

Für vier bis sechs Personen:

250 g Joghurt
Salz, Pfeffer
2-3 Knoblauchzehen
1 EL Olivenöl
1 Prise Cayennepfeffer, Rosenpaprika oder evtl.
1 EL asiatische (scharfe, nicht süße!) Chilisauce
Petersilie oder Basilikum

ZUTATEN

Für vier Personen:

4 etwa gleich große Auberginen
1 Tasse Olivenöl
4 große Zwiebeln
Salz, Pfeffer
250 g Hackfleisch
5 Knoblauchzehen
1 Bund glattblättrige Petersilie
Paprika
Cayennepfeffer
2 Tomaten
3-4 EL frisch geriebener Käse (Parmesan)

Der Imam fällt in Ohnmacht

Tatsächlich soll der Imam, ein muslimischer Geistlicher, weil ihm das Gericht so gut schmeckte, so viel davon gegessen haben, dass er in Ohnmacht fiel. Es empfiehlt sich, für dieses Rezept nach den schlanken Auberginen zu suchen, die es meist in türkischen Lebensmittelläden gibt.

1 Die Auberginenhaut mit einem Sparschäler in einem Abstand von etwa zwei Zentimetern längs jeweils einen Zentimeter breit abschneiden, rundum, bis die Aubergine wie gestreift wirkt.

2 Die Auberginen in einer Pfanne im heißen Öl langsam und rundum schön golden anbraten.

3 Die Zwiebeln schälen und auf einem Hobel in dünne Streifen hobeln. Im restlichen Öl bei mittlerer Hitze goldbraun braten, dabei salzen und pfeffern. Schließlich das Hackfleisch zufügen und mitbraten, bis es krümelig geworden ist.

4 Gegen Ende der Garzeit den gehackten Knoblauch sowie die ebenfalls fein gehackte Petersilie zufügen. Alles mit Salz und Pfeffer sowie mit Paprika und Cayennepfeffer würzen.

5 Die Auberginen mit einem spitzen Messer tief einschneiden, so dass eine Tasche entsteht. Die Zwiebelmischung dort vorsichtig hineinstopfen. Die Früchte dann mit der Füllung nach oben nebeneinander in eine feuerfeste Form setzen. Falls die Früchte sehr dick sind, so weit durchschneiden, dass sie nur noch an der Längsseite zusammenhängen, dann aufklappen, füllen und, so gut es geht, wieder zusammenklappen.

6 Die Tomaten häuten, in Scheiben schneiden und dachziegelartig auf die Zwiebelfüllung betten. Salzen, pfeffern und mit geriebenem Käse bestreuen, etwas Olivenöl darüber träufeln. Die Form je nach Dicke der Auberginen für etwa 20 bis 25 Minuten (ganz große Exemplare auch länger!) in den auf 200 °C vorgeheizten Ofen schieben.

Geschmorte Knoblauchauberginen

Auch bei diesem Rezept bleiben die Früchte ganz, werden jedoch mit Knoblauchzehen regelrecht gespickt. Eine Sache für ausgesprochene Knoblauchfans! Gut als Beilage oder auch als ganze Mahlzeit – eben mal ohne Fleisch!

ZUTATEN

Für vier Personen:

5-8 Knoblauchknollen
1/8 l Olivenöl
2 Thymianzweige
4 gleich große Auberginen
Salz, Pfeffer
1/8 l Hühner- oder Gemüsebrühe

Außerdem:
2 reife Fleischtomaten
Salz, Pfeffer
1 EL Olivenöl
1 EL aromatischer Essig (Sherry- oder guter Rotweinessig)
frische Basilikumblätter

1 Die Knoblauchzehen schälen und im mit Thymian gewürzten Olivenöl marinieren.

2 Die Auberginen mit einem Sparschäler rundum so längs schälen, dass stets ein zentimeterbreiter Streifen der lila Haut stehen bleibt und sie wie gestreift aussehen.

3 An den geschälten Stellen in Abständen kleine Einschnitte machen, dort hinein jeweils eine Knoblauchzehe stecken – bis zu 20 Stück pro Aubergine.

4 Die Auberginen in eine feuerfeste Form betten, mit dem Öl der Marinade übergießen und nun im auf 220 °C vorgeheizten Ofen eine Stunde schmoren. Immer wieder drehen, damit die Früchte von allen Seiten gleichermaßen garen können, dabei mit Salz und Pfeffer würzen. Nach der halben Garzeit mit etwas Brühe übergießen. Anschließend immer wieder überprüfen und Brühe nachgießen, sobald die Flüssigkeit am Boden der Form verdampft ist.

5 Die Tomaten inzwischen häuten, entkernen und mit dem Messer winzig klein würfeln. Erst kurz vor dem Servieren mit Salz, Pfeffer, Öl und Essig würzen. Erst zum Schluss das zerzupfte oder fein geschnittene Basilikum unterrühren. Über die kalten Auberginen verteilen.

Grüne Bohnen und frische Bohnenkerne

Ein herrlich vielseitiges Gemüse

Bohnen – da gibt es im Sommer eine Menge der unterschiedlichsten Sorten auf dem Markt: Am gebräuchlichsten sind wohl die rundlichen Bobbybohnen, die je nach Größe und Dicke entweder in Stücke gebrochen (Brechbohnen) oder, wenn sie ganz jung und zart sind, auch ganz gelassen werden (Prinzessbohnen). Dann gibt es die flachen, breiten Schwertbohnen, entweder glatt oder mit feinen Härchen – letztere sind die so genannten Feuerbohnen, die rot blühen und so wunderbar bohnig schmecken. Und dann gibt es noch die gelben Wachsbohnen, lila Feuerbohnen, gefleckte Bohnen, schlanke Bohnen, große Bohnen, stricknadelfeine, die so genannten Keniabohnen …

Grüne Bohnen

In jedem Fall gehören Bohnen zunächst einmal geputzt: Dazu werden die Spitzen und Enden abgeknipst. Fädeln muss man die Bohnen heute meistens nicht mehr, da man ihnen die Fäden weggezüchtet hat. Wie bei vielen grünen Gemüsen ist das Blanchieren wichtig, um Farbe, Vitamine und Inhaltsstoffe zu erhalten. Wie schnell Vitamine abbauen, ist messbar, zum Beispiel verringert sich der Vitamin-C-Anteil stündlich – dieser Abbau wird durch das Blanchieren gestoppt.

Wichtiger als die Sorte ist deshalb eigentlich also ihre Frische. Und dann: die Größe. Jede Bohne ist eine Delikatesse, solange sie jung und zart ist, die Sorte ist dann im Grunde egal.

Fein und stricknadeldünn geerntet sind Bohnen wundervoll, lässt man sie nur ein paar Tage länger hängen, bis sie dick und groß geworden sind, stellen sie nur noch ein gewöhnliches Gemüse dar. Der Unterschied ist womöglich innerhalb von Stunden sichtbar, denn Bohnen wachsen an warmen Tagen enorm schnell. Deshalb also unbedingt die Bohnenzeit nutzen, es lässt sich so herrlich viel mit diesem Gemüse anstellen.

Die Bohnen also stets in reichlich Wasser blanchieren – übrigens: Unglaublich, wie viel Salz Bohnen brauchen! Wer nicht genügend Salz ins Blanchierwasser tut, wird es anschließend schwer haben, den Bohnen noch genügend Geschmack abzugewinnen. Deshalb von vornherein das Wasser stark salzen, die Bohnen dann darin nur so kurz kochen, dass sie noch schönen Biss haben, aber bitte lang genug, dass sie auch wirklich gar sind. Es ist eine Unsitte, halb rohe Bohnen aufzutischen. Außerdem ist es unbekömmlich, weil nicht durchgegarte grüne Bohnen Phasin enthalten, und das ist giftig. Deshalb grüne Bohnen nie roh essen! Ausnahme: Die so genannten Meterbohnen oder Long Beans aus Thailand (Bild links) enthalten dieses Phasin nicht und können deshalb roh gegessen werden, und am besten mit einer scharfen Sauce aus Chili, Knoblauch und Ingwer, sonst sind sie zu fad. Zu weich gekochte Bohnen sind ebenfalls kein Genuss. Also immer wieder eine Bohne herausfischen und probieren – das ist der beste Weg, den richtigen Zeitpunkt zu erwischen. Und noch eins: Die Bohnen nach dem Blanchieren unbedingt richtig abschrecken, in Eiswasser! Steckt noch ein bisschen Wärme in ihnen, färben sich die Bohnen beim ersten Kontakt mit Säure (das braucht kein Essig zu sein, es genügt die Säure von Tomaten) grau und sind kein schöner Anblick mehr!

Bohnenkerne

Wer glaubt, Bohnenkern ist Bohnenkern, da ist die Auswahl nicht groß, irrt gewaltig: Es gibt die lila-schwarz gesprenkelten Kerne aus den Feuerbohnen, die bräunlichen Wachtelbohnen mit den hübschen pinkfarbenen Tupfen, die weißen Bohnenkerne, die grünen Flageolets, die schwarzen und die riesigen Bohnenkerne (spanische Geantes). Die Vielfalt ist unüberschaubar, jeder Kern schmeckt anders, jede Sorte erzielt im Gericht einen anderen Effekt, und viele von ihnen kann man wenigstens getrocknet im gut sortierten Reformhaus, Bioladen, sogar Supermarkt kaufen.

Tipp: Wer einen Garten hat, der sollte die Kerne bereits auslösen, bevor sie ausgereift und am Strauch getrocknet sind, also noch saftig und weich. Nachdem sie gekocht wurden, schmelzen sie dann geradezu auf der Zunge und schmecken einfach umwerfend gut. Übrigens lassen sich die meisten Sorten (aber Achtung: nicht alle! Manche werden nach dem Auftauen wattig) in diesem Zustand prima einfrieren. Einfach in Folienbeutel schweißen und in die Truhe legen. Zum Servieren nicht auftauen, sondern gefroren mit Wasser bedeckt zum Kochen bringen, leise, knapp unterhalb des Siedepunkts gar ziehen lassen. Das dauert je nach Größe zwischen 20 bis 30 Minuten.

Wichtig: Auf keinen Falle Bohnenkerne – ob getrocknet oder frisch – sprudelnd kochen. Sie bestehen aus empfindlichem Eiweiß und das wird hart, wenn man es zu stark erhitzt. Das bedeutet, die Bohnenkerne werden so nie richtig weich. Und noch eins: Bitte die Kerne stets so lange ziehen lassen, bis sie wirklich gar, also schmelzend zart sind. Nichts ist unangenehmer als Bohnenkerne mit Biss!

Streitfrage: Salzen oder nicht?

Immer wieder wird behauptet, Bohnenkerne dürften nicht in Salzwasser gekocht werden. Vergessen Sie's, es ist nicht wahr! Im Gegenteil: Nur wenn gleich von Anfang an Salz im Kochwasser ist, kann es in die Hülsenfrüchte eindringen. Später zugefügtes Salz sitzt obenauf und kann nicht wirken, und Sie brauchen dann wesentlich mehr, um überhaupt etwas davon zu schmecken.
Getrocknete Bohnenkerne sollte man vorher mehrere Stunden – am besten über Nacht – in kaltem Wasser einweichen. Das verkürzt die Kochzeit.

Salat aus Keniaböhnchen mit Tomaten und jungem Ziegenkäse

ZUTATEN

Für zwei bis drei Personen:

250 g junge Keniaböhnchen (stricknadelfein)
Salz, Pfeffer
8-10 Cocktailtomaten
Bohnenkraut
glatte Petersilie
2 EL Weinessig
1 EL Balsamico
1 EL Haselnussöl
1 EL Olivenöl
1 rote Zwiebel
3 kleine Ziegenkäschen oder 1 Stück Schafskäse
Salatblätter zum Anrichten

Ein wunderbares Sommeressen, schnell auf dem Tisch: Die Böhnchen werden mit einer Vinaigrette aus fein gewürfelten Schalotten, einem kräftigen Essig (z.B. Sherryessig – vielleicht zusätzlich ein paar Tropfen Balsamessig) und einem aromatischen Öl (nach Geschmack Haselnuss-, Walnuss- oder ein besonders kräftiges Olivenöl, zum Beispiel aus Sizilien) angemacht. Außerdem kommen Kräuter dazu: viel Bohnenkraut und Petersilie und gehäutete Achtel von reifen Tomaten, hübsch sind kleine Cocktailtomaten. Zum Schluss jungen Ziegenfrischkäse obenauf – fertig ist ein erfrischender, sommerlich leichter Salat.

1 Die Böhnchen putzen und in reichlich stark gesalzenem Wasser bissfest kochen. Eiskalt abschrecken. Die Tomaten in einem Sieb sekundenkurz ins Bohnenwasser halten, kalt abschrecken, dann häuten und je nach Größe halbieren oder sogar vierteln. Sollten sie sehr viele Kerne haben, diese entfernen.

2 Bohnenkraut und Petersilie von den Stielen zupfen, nur grob hacken und mit den Tomaten sowie den abgeschreckten Bohnen in eine Schüssel geben. Aus Salz, Pfeffer, Essig und Öl eine Marinade rühren, die fein gewürfelte Zwiebel unterrühren, alles über die Zutaten gießen und sorgsam mischen.

3 Servieren: Den Salat auf Vorspeisentellern mit grünen Salatblättern als Unterlage anrichten, den Ziegenkäse in Stückchen zerpflücken und darauf verteilen. Dazu geröstetes Weißbrot reichen.

GETRÄNK

Dazu sollte auch der Wein leicht und erfrischend sein, ein Rosé aus der Provence etwa oder ein Weißburgunder aus der Pfalz.

Salat aus viererlei Bohnen

Er ist gehaltvoll und herzhaft, weil Bohnenkerne für Konsistenz sorgen. Sie werden separat weich gekocht, die Bohnen nach ihrer Garzeit ebenfalls getrennt blanchiert. Dann wird alles mit einer schön geknofelten Senfvinaigrette angemacht, auf Salatblättern angerichtet und mit Roastbeef dekoriert. Das kann man fertig kaufen oder aber auch rasch selbst braten. Ob man lieber das Filet oder ein Stück aus der Lende (Rumpsteak) für diesen Salat nimmt, ist Ansichtssache. Das Filet ist zarter, die Lende im Allgemeinen geschmackvoller. In jedem Fall darf das Fleisch nicht durchgebraten werden – es wäre schade um das gute Stück.

ZUTATEN

Für vier Personen:

ca. 200 g frische Bohnenkerne (Wachtelbohnen)
4-5 Salbeiblätter
Salz
2 Knoblauchzehen
etwa 200 g Wachsböhnchen
200 g Bobbybohnen
200 g Schwertbohnen
Bohnenkraut
300 g Rinderlende oder -filet am Stück
2 EL Öl zum Braten
Pfeffer aus der Mühle
1 rote Zwiebel

Für die Marinade:
Salz, Pfeffer
1 EL Dijonsenf
ca. 3 EL Sherryessig
4 EL erstklassiges Olivenöl
1 EL gut trockener Weißwein

Außerdem:
grüne Salatblätter und Rauke zum Anrichten

1 Die frischen Bohnenkerne mit Salbeiblättchen und geschälten Knoblauchzehen von reichlich Salzwasser bedeckt auf milder Hitze weich kochen. Das dauert ca. 15 Minuten, kann aber, je nach Größe und Frische, auch bis zu einer Dreiviertelstunde brauchen.

2 Auch die grünen Bohnen putzen, wenn nötig fädeln, entspitzen. Dünne Böhnchen ansonsten ganz lassen, Brech- oder Schwertbohnen schräg in Stücke schneiden. In gut gesalzenem Wasser bissfest kochen (Bohnenkraut zufügen!) – nach Sorten getrennt wegen der unterschiedlichen Garzeit. Gründlich abschrecken, damit die schöne Farbe erhalten bleibt.

3 Das Fleisch in der Pfanne in geradezu rauchend heißem Öl auf allen Seiten insgesamt eine bis höchstens zwei Minuten anbraten, dabei immer wieder drehen und wenden. Schließlich das Steak salzen und pfeffern. In Alufolie so locker einpacken, dass ein Luftraum bleibt und mindestens 15 bis 20 Minuten nachziehen lassen. Wer das Fleisch lieber durchgegart haben will, kann es in der Alufolie im 80 °C warmen Backofen ziehen lassen.

4 Unterdessen die Marinade anrühren: Salz und Pfeffer mit dem Senf und dem Sherryessig in der Schüssel aufschlagen, Olivenöl nach und nach unterrühren.

5 Zum Servieren die Bohnen und die klein geschnittene Zwiebel mit der Marinade anmachen, gleich auf Vorspeisentellern oder auf einer Servierplatte verteilen, am besten auf einigen grünen Salatblättern und Rauke.

6 Das Fleisch quer zur Faser in halbzentimeterdünne Scheiben aufschneiden und auf dem Bohnensalat dekorativ anrichten. Den Saft aus dem Folienpaket mit der restlichen Marinade in der Schüssel glatt rühren und über das Fleisch träufeln – nach Belieben mit einigen Tropfen Balsamicoessig würzen.

BEILAGE

Dazu knuspriges Weißbrot reichen.

GETRÄNK

Zum Beispiel ein Chardonnay aus Burgund, vom Kaiserstuhl, aus Sizilien oder wie hier aus dem österreichischen Burgenland.

ZUTATEN

Für vier Personen:

Bällchen:
1 altbackenes Brötchen
ca. 1/8 l Milch
2 Zwiebeln
3-4 Knoblauchzehen
3-4 EL Olivenöl (original wäre Schweineschmalz)
1 gehäufter EL Delikatesspaprika
1/2 TL Kümmel
300 g Hackfleisch
ca. 1/2 l Fleischbrühe
4 Frühlingszwiebeln
1 Ei
reichlich frischer Dill
Salz, Pfeffer

Außerdem:
500 g Kartoffeln
1 Chilischote (siehe Tipp)
750 g grüne Bohnen
2 EL Delikatesspaprika
und 1/2 TL Kreuzkümmel, nach Gusto

Kartoffelgulasch mit Bohnen und Hackfleischbällchen

Das Gulasch bekommt durch grüne Bohnen Farbe und Frische. Die Hackfleischbällchen sind kräftig und mit viel Paprika sowie Kreuzkümmel ein herzhaftes Vergnügen. Der Dill dabei mag verblüffen, in Österreich ist er jedoch ein typisches Bohnengewürz, und er passt tatsächlich glänzend.

1 Das Brötchen würfeln, mit heißer Milch beträufeln und einweichen. Inzwischen Zwiebel und Knoblauch fein würfeln, im heißen Öl (oder Schmalz) sanft weich dünsten. Mit Paprika bestäuben, den Kümmel zufügen, beides mild durchschwitzen, bevor die Hälfte herausgefischt und zu dem Hackfleisch gegeben wird. Den im Topf verbliebenen Rest mit Fleischbrühe ablöschen.

2 Die klein geschnittenen Frühlingszwiebeln mit dem gut ausgedrückten Brötchen und dem Ei unter das Hackfleisch mischen. Ebenso etwa die Hälfte des fein geschnittenen Dills, außerdem Salz und Pfeffer. Kleine (etwa tischtennisballgroße) Bällchen daraus formen.

3 Kartoffeln schälen, dreizentimetergroß würfeln und in einen Topf mit der Brühe geben. Eventuell noch etwas Brühe angießen. Salzen, pfeffern, nach Belieben die Chilischote mitkochen. Zugedeckt leise etwa zehn Minuten köcheln, bis die Kartoffeln gar sind. Dann kommen die Fleischbällchen dazu. Die Hitze herunterschalten und 15 Minuten mitziehen lassen.

4 Inzwischen die Bohnen putzen, schräg in Stücke schneiden und in Salzwasser bissfest kochen. Abgießen, abschrecken und ganz zum Schluss in den Kartoffeltopf füllen, durch Rütteln alles mischen und weitere zwei Minuten zugedeckt durchziehen lassen. Dabei am Topf rütteln, damit sich alles sanft mischt, nicht rühren, weil sonst die empfindlichen Bestandteile zerdrückt werden. Zum Schluss nochmals abschmecken und reichlich zerzupften Dill einrühren.

GETRÄNK

Zum österreichisch inspirierten Gulasch passt am besten ein österreichischer Wein: zum Beispiel ein Grüner Veltliner aus dem Kremstal oder der Wachau. Oder für Rotweinliebhaber ein Pinot noir aus Carnuntum in Österreich.

TIPP

Mehr Aroma gibt die Chilischote, wenn man sie klein gehackt zusammen mit den Zwiebeln kurz mitschwitzt. In diesem Fall einen halben Teelöffel Zucker darüber streuen und ihn sanft karamellisieren lassen, bevor papriziert wird. Das sorgt für einen Ausgleich und vertieft den Geschmack.

TIPP

Bei Tisch träufelt sich jeder nach Gusto frisches, duftendes Olivenöl darüber und würzt eventuell mit frisch geriebenem, reifem Pecorino – kein Parmesan!

Pasta mit Bohnen

Diese Kombination liebt man in ganz Italien, man wechselt jedoch gern – je nach Jahreszeit – die Zusammenstellungen. In Ligurien etwa mischt man im Sommer Eiernudeln mit feinen grünen Bohnen und einem intensiven Pesto aus Basilikum, fügt häufig sogar noch Kartoffelscheibchen hinzu. In der Toskana liebt man im Winter Pasta mit Bohnenkernen, von denen ein Teil püriert wird. Wir haben mal einfach alle diese Ideen aufgegriffen und daraus folgendes Rezept entwickelt: Wir nehmen eine dicke, kurze Pastasorte, Ditalini, Penne oder Orechiette. Die grünen Bohnen dürfen jetzt auch von der flachen, breiten Sorte stammen, die Bohnenkerne ganz nach Wunsch. Sie werden zunächst weich gekocht, ein Teil davon mit gedünsteten Zwiebeln und Knoblauch gemixt, alles mit der Pasta, den grünen Bohnenstückchen, Würfeln von Tomaten und reichlich Basilikum vermischt. Ein herrliches Essen, das noch im Herbst den Duft vom Sommer bringt.

ZUTATEN

Für vier Personen:

500 g grüne Bohnen
Salz
3-4 Tomaten
1-2 Zwiebeln
2 Knoblauchzehen
2 EL Olivenöl
250 g gekochte Bohnenkerne
300 g Pasta (Penne oder wie oben beschrieben)
Pfeffer
Basilikum
Pecorino zum Bestreuen

1 Bohnen putzen, brechen oder in Stücke schneiden, in reichlich gesalzenem Wasser bissfest kochen. Die Tomaten auf einer Kelle kurz hineinhalten, eiskalt abschrecken, häuten, entkernen und würfeln.

2 In einem Topf die fein gewürfelten Zwiebeln und den Knoblauch im heißen Öl weich dünsten, die gekochten Bohnenkerne zufügen und mitschmurgeln. Mit dem Pürierstab durchfahren und einen Teil davon pürieren, dabei dürfen etwa die Hälfte der Bohnenkerne ruhig ganz bleiben. Schließlich die Tomaten zufügen, die abgetropften grünen Bohnen sowie die Pasta. Alles rasch mischen, mit grob gemahlenem Pfeffer würzen, reichlich fein geschnittenes Basilikum unterrühren und in tiefen Tellern servieren.

GETRÄNK

Dazu passt ein junger Rosso Montepulciano aus der Toskana.

Kürbis

Dekorativ, vielseitig und immer köstlich

Kaum zu glauben, dass noch vor wenigen Jahren Kürbisse auf unseren Märkten eher selten zu finden waren. Inzwischen stapeln sie sich dort zu bunten, ungetümen Bergen. Es gibt sie in den unterschiedlichsten Farben, Sorten und Größen, von tennisballgroß bis zentnerschwer.

Da leuchten in klarem Orange die dünnschaligen Hokkaidos, die so praktisch sind, weil sie handlich und klein sind und obendrein eine so dünne Schale haben, dass man sie nicht mühsam entfernen muss, sie löst sich nämlich beim Kochen einfach auf.

Es gibt die riesigen gefleckten Ölkürbisse, aus deren schalenfreien, dunkelgrünen Kernen man das köstliche Kürbisöl presst, die gewaltigen Gartenkürbisse, die früher als einzige bei uns bekannt waren, bevor die anderen Varianten in unsere Gärten eingedrungen sind. Bildschön die dunkelgrünen und die bräunlichen Muskatkürbisse, mit ihren ausgeprägten dicken, dekorativen Rippen. Und dann die ausgewachsenen gelben und grünen Zucchini, die ja (wie ihr Name schon sagt) nichts anderes sind als kleine zucche, also kleine Kürbisse, und deren Schale in diesem großen Zustand tatsächlich so

hart und fest wird wie die von Kürbissen. Und schließlich die ganze Palette der niedlichen Zierkürbisse, die die leuchtenden Herbstfarben ins Zimmer bringen. Von der (durchaus essbaren) Kapuziner- beziehungsweise Bischofsmütze bis zu den nur kinderfaustgroßen bunten Kürbischen, die sich so hübsch als Tischdekoration machen. Kürbisse halten sich bis in den Winter hinein, wenn man sie trocken und nicht zu kalt aufbewahrt, geben also auch noch zu Weihnachten eine gute Suppe. Eingemacht (süßsauer) oder als Creme können sie auch noch länger Freude machen.

ZUTATEN

Für sechs Personen:

1 mittelgroßer Kürbis (zum Beispiel Hokkaidokürbis)
3-4 EL Olivenöl
3-4 Knoblauchzehen
50 g Zucker
⅛ l Weißwein- oder Apfelessig
evtl. 1 Msp. Zimt
Salz, Pfeffer
1 kleiner Peperoncino
frische Minze

Süßsaurer Kürbis

Zucca agrocolce – sie gehört auf den herbstlichen Vorspeisenteller, ist aber auch ein herrlich erfrischendes Gemüse, zum Beispiel als Beilage zum Lammkotelett oder auch nur zur Bratwurst.

1 Den Kürbis halbieren und die Kerne herausschaben. Das Fleisch in schöne, möglichst gleichmäßig starke Scheiben schneiden. Im heißen Öl auf beiden Seiten langsam golden braten, dabei den Knoblauch mitbraten, der dem Öl seinen Duft abgibt. Die Kürbisscheiben herausheben und in einer Schale beiseite stellen.

2 Den Zucker in das verbliebene Fett streuen und karamellisieren. Mit Essig ablöschen und nach Belieben Zimt und Chili zufügen, außerdem salzen und pfeffern. Etwas ziehen lassen, bis sich der fest gewordene Karamell wieder löst. Dann über die Kürbisscheiben gießen. Mit fein geschnittener Minze bestreuen. Gut durchziehen lassen.

3 Auf dem Antipastiteller servieren, zum Beispiel zusammen mit Salami- und Schinkenscheiben, mit Oliven und Käsewürfeln zum frischen Weißbrot. Wir haben auch gekochten Schinken auf den Teller drapiert, hauchdünn aufgeschnittenen Südtiroler Speck, Scamorza (geräucherter halbfester Schnittkäse aus Italien), winzige Cornichons und Frühlingszwiebeln.

GETRÄNK

Ein frischer Weißwein, zum Beispiel ein Müller-Thurgau aus Südtirol mit einer zarten Muskatnote oder ein Silvaner aus Rheinhessen.

Kürbis im Kürbis

Sehr spektakulär, wenn Sie dieses Trumm (möglichst auf einer großen Platte oder in einer flachen Schüssel) auf den Tisch bringen. Es handelt sich nicht einfach um eine in einen ausgehöhlten Kürbis eingefüllte Suppe, sondern um eine üppige, gehaltvollere Sache, geradezu ein ganzes Essen, eine Art Eintopf, der sehr verblüffend ist. Und praktisch für eine große Runde obendrein – denn Sie können alles prima vorbereiten, müssen dann den Kürbis nur noch entsprechend rechtzeitig in den Ofen schieben und kommen dann mit dem aufregend aussehenden Gericht. Die »Aaahs« und »Oooohs« Ihrer Gäste sind Ihnen sicher!

1 Dem Kürbis eine Kappe abschneiden. Mit einem Löffel die Kerne und sämtliche Fasern herausholen, das Fleisch dabei intakt lassen. Alle Gewürze im Mörser zu feinem Pulver zerreiben und mit einem Teil davon den Kürbis ausstreuen.

2 Das Brot auf der Aufschnittmaschine in dünne Scheiben schneiden (sollte es frisch sein, auf einem Blech ausbreiten und im 200 °C heißen Ofen rösten und trocknen). Den Käse auf der Maschine ebenfalls in dünne Scheiben schneiden. Brot und Käse abwechselnd in den Kürbis schichten, immer wieder einen Hauch Gewürzmischung darüber streuen. Auch die Petersilie und Frühlingszwiebel, sehr fein gehackt, dazwischenstreuen.

3 Sobald der Kürbis gefüllt ist, alles mit Sahne tränken und so viel Brühe auffüllen, dass die Flüssigkeit bis knapp unter den oberen Rand reicht. Den Deckel wieder aufsetzen. Einen kleinen Kanal

ZUTATEN

Für sechs bis acht Personen:

1 kleinerer Muskat- oder
1 großer Hokkaidokürbis
1 TL Salz
1 EL Pfefferbeeren
8 Pimentkörner
½ TL Senfkörner
½ TL gemahlener Macis (Muskatblüte)
1-2 getrocknete Chilischoten oder 1 Msp. Cayennepfeffer
½ TL Zucker
1 Kastenweißbrot vom Vortag
300 g Fontinakäse in dünnen Scheiben (man kann auch Provolone nehmen, jede Art von Bergkäse, sogar eine Mischung von verschiedenen Käsesorten)
Petersilie und Frühlingszwiebel
ca. 200 ml Sahne
ca. 300 ml Brühe

TIPP

Falls Brot übrig bleibt, sollten Sie es immer gleich, so lange es noch geht, auf der Aufschnittmaschine in dünne Scheiben schneiden und dann auf einem Tablett ausgebreitet trocknen. Dann nämlich lässt es sich für viele Gerichte prima einsetzen, für den Hackfleischteig, für Knödel oder eben für eine solche Suppe. Sobald das Brot so fest geworden ist, dass es selbst dem besten Sägemesser trotzt, geht das nicht mehr. Denn dann muss es im Ganzen eingeweicht werden, und es liefert anschließend eine ganz andere Konsistenz und kann die Massen nicht mehr so schön auflockern!

hineinschneiden, damit Dampf aus dem Inneren entweichen kann. Damit er nicht kippen kann, den Kürbis auf einen Sockel von zerknüllter Alufolie betten.

4 Für circa zwei Stunden ins 200 °C heiße Backrohr stellen. Erst bei Tisch den Deckel heben und den Kürbisinhalt mit einer Gabel gründlich verrühren. Vorsichtig, damit die Schale kein Loch bekommt und die »Suppenschüssel« unversehrt bleibt. Den »Eintopf« in tiefen Tellern anrichten und mit dem Löffel verspeisen.

GETRÄNK

Dazu passt ein fruchtiger Rotwein, ein Spätburgunder etwa aus Baden oder Franken.

Kürbis-Soufflé

Ein Soufflé ist immer etwas Besonderes, als Auftakt zu einem Menü setzt es gleich zu Beginn schon mal Maßstäbe. Soufflés heischen stets Respekt, denn sie gelten als kompliziert und schwierig. Dieses ist jedoch wirklich kinderleicht gemacht – was man seinen Gästen ja nicht unbedingt auf die Nase binden muss!

1 Zwiebel und Knoblauch würfeln und im heißen Öl andünsten. Die Chilischote entkernt und gewürfelt zufügen, auch das gewürfelte Kürbisfleisch. Salzen, pfeffern und mit Muskat würzen. Auf mildem Feuer zugedeckt weich dünsten und anschließend mit dem Pürierstab glatt mixen. Den Käse unter die heiße Creme mischen, dann das Eigelb einzeln einarbeiten und schließlich unter die leicht abgekühlte Masse den steif geschlagenen Schnee ziehen.

2 Die Masse in ausgebutterte oder mit Olivenöl ausgepinselte, mit Bröseln ausgestreute Förmchen (oder auch in eine große Souffléform mit geraden Wänden) verteilen – sie sollte diese zu nicht mehr als zwei Dritteln auffüllen, sonst steigt die Masse über den Rand. Im Wasserbad im Ofen bei 180 °C etwa 15 (die kleinen Portionsförmchen) bis 25 Minuten (die große Form) backen.

3 Kurz, nur etwa eine Minute, außerhalb des Ofens Festigkeit erzielen lassen, dann kann man die kleinen Portions-Soufflés stürzen. Auf

TIPP

In der Würzung kann man vielseitig variieren, sogar mit asiatischen Düften und Gewürzen arbeiten und statt Olivenöl mit chinesischem Sesamöl würzen.

vorgewärmten Tellern anrichten. Mit Linien oder Klecksen von Petersilienöl (s. u.) dekorieren, eventuell auch Würfel von Tomaten dazwischenstreuen, die mit Salz, Pfeffer, winzig fein gewürfelter junger Zwiebel und Knoblauch sowie einigen Tropfen Olivenöl gewürzt sind. Wer mag, träufelt noch einen Klecks vom dunklen Kürbiskernöl drum herum.

4 Das Petersilienöl ist rasch gemacht (und lässt sich in einem Schraubglas auch gut einige Tage im Kühlschrank aufbewahren – so hat man es für dekorative Zwecke immer zur Hand): Die Blätter mit dem Öl glatt mixen. Eventuell mit ein paar Körnchen Salz würzen.

GETRÄNK

Ein aromatischer Muskateller, aber natürlich trocken ausgebaut, zum Beispiel aus der Südsteiermark. Oder ein würziger Sauvignon aus Südtirol.

ZUTATEN

Für vier bis sechs Personen:

1 kleine Zwiebel
2 Knoblauchzehen
2 EL Olivenöl
nach Belieben 1 scharfe oder eher milde rote Chilischote
400 g Kürbisfleisch
Salz, Pfeffer
Muskat
50 g geriebener Käse (z.B. Comté oder ein anderer gut gelagerter Bergkäse)
3 Eier
Olivenöl oder Butter und Brösel für die Form

Petersilienöl:
1 Hand voll Petersilie
ganz wenig Salz
⅛ l Olivenöl

Außerdem (eventuell):
1-2 Tomaten
Salz, Pfeffer
1 kleine Schalotte oder Frühlingszwiebel
1 Knoblauchzehe
einige Tropfen Olivenöl
nach Belieben auch etwas Kürbiskernöl

TIPP

Diese Creme schmeckt auch auf Crostini. Und sie lässt sich wunderbar für den Vorrat einwecken. In Twist-off-Gläser füllen und entweder in der Mikrowelle oder im Backofen im Wasserbad bei 180 °C etwa 30 Minuten(bis Bläschen im Innern emporsteigen) sterilisieren. Dann ausschalten und im Ofen abkühlen lassen.

Kürbiscreme

Dieselbe Kürbiscreme – also Kürbis gewürfelt, gedünstet, nach Gusto gewürzt und dann gemixt – ist übrigens eine prima Sauce zu Spaghetti: einfach über die tropfnassen Spaghetti geben, alles mischen – fertig!

Gut schmecken dazu geröstete Brösel, wie man sie in Sizilien gern über die Pasta streut. Das gibt Biss und ein zusätzliches Aroma: Dafür Semmelbrösel in Olivenöl langsam rösten, dabei durch die Presse gedrückten Knoblauch zufügen, eventuell auch Oregano und/oder Petersilie.

Diese würzigen Krümel kann man in einem nur lose verschlossenen Beutel im Kühlschrank auch einige Tage aufbewahren. Sie geben übrigens auch anderen Gerichten Würze. Zum Beispiel gekochtem Blumenkohl, Rosenkohl oder gedünstetem Wirsing. Oder einfach über gegrillte Lammkoteletts.

Kürbiskuchen

Ein pfiffiges, leichtes Essen. Die Masse wird nach dem Prinzip eines Biskuit hergestellt, Festigkeit bekommt sie durch geraspeltes Kürbisfleisch. Der fertige Kuchen bekommt dann einen Belag aus gewürfeltem Tomatenfleisch, wird mit Käse und Schinken belegt wie eine Pizza und vor dem Servieren noch einmal kurz im Ofen überbacken. Auf alle Fälle natürlich einen Salat dazu reichen!

1 Das Eiweiß dicht und steif schlagen, dabei gleich zu Beginn die Salzprise zufügen. Mit dem Kochlöffel die Dotter einzeln unterrühren. Käse und Mehl vermischen, locker untermischen, dabei die Masse pfeffern und mit Muskat würzen. Schließlich das Kürbisfleisch unter die Masse heben.

2 Auf ein Backpapier verstreichen, bei 180 °C circa 15 bis 20 Minuten hellbraun backen. Noch warm auf ein Tuch stürzen und das Papier abziehen.

3 Den Mozzarella würfeln, mit den Tomatenwürfeln, falls vorhanden, auch Schinkenwürfel und zerzupfte Basilikumblätter auf der Kuchenplatte verteilen. Nochmals für 15 Minuten in den 180 °C heißen Ofen schieben, bis der Käse schmilzt. In Quadrate schneiden und mit einem Salat servieren.

GETRÄNK

Ein duftiger Gewürztraminer aus der Pfalz oder ein wuchtiger Grauburgunder.

ZUTATEN

Für vier Personen:

5 Eiweiß
½ TL Salz
5 Eigelb
2-3 EL geriebener Parmesan
100 g Mehl
Pfeffer, Muskat
3 Tassen fein geraspeltes Kürbisfleisch
150 g Käse (am besten passt Provolone, man kann auch Mozzarella nehmen)
2 Tassen gewürfelte Tomaten (eventuell vermischt mit eingeweichten getrockneten Tomaten, ebenfalls fein gewürfelt)
Basilikumblätter
evtl. gewürfelter gekochter Schinken

Vom Kellerkind zum Küchenstar

Linsen gehören zu den ältesten Lebensmitteln der Weltgeschichte, sie kommen schließlich schon in der Bibel vor. Obwohl die Bibel über das Rezept des Linsengerichts, für das Esau sein Erstgeburtsrecht hergab, nicht ins Detail geht, kann man vermuten, dass es wohl rote Linsen waren. Sie sind auch heute noch in den arabischen Ländern besonders beliebt. Linsensorten gibt es jede Menge, und sie können verblüffend unterschiedlich aussehen: große, kleine, helle, grüne, gelbe, sogar schwarze!
Linsen liebt man in allen Küchen der Welt! Bei uns sind sie allerdings lange in Verruf gewesen, galten als Arme-Leute-Essen, als das Einfachste vom Einfachen. Das hat sicher etwas mit den schlechten Zeiten und den Eintopfsonntagen im letzten Krieg zu tun. Aber heutzutage sind Linsen längst auf den Tischen der Feinschmecker zu finden; immer wieder entwickeln die anspruchsvollsten unter den Küchenchefs neue Kreationen. Und, das ist ganz besonders erfreulich, es werden inzwischen sogar Linsen wieder bei uns angebaut und als feine Spezialität gepflegt. Das sollte man unterstützen und

danach Ausschau halten. Zum Beispiel gibt es Landwirte, die auf der Schwäbischen Alb wieder Linsen produzieren, wo sie ja auch in alten Zeiten angebaut wurden und die Menschen redlich ernährten.

Die wichtigsten Sorten

Die bei uns üblichen Linsen sind hellbraun, manchmal ein bisschen ins Grüne spielend. Es gibt sie in unterschiedlichen Größen, meist haben sie einen Durchmesser von 3-4 Millimetern. Dann heißen sie Tellerlinsen, und weil sie schön mehlig sind, geben sie dem Eintopf eine angenehme Bindung. Unter ihrer grünlich-bräunlichen Schale steckt wie in den kleinen grünen Linsen aus Le Puy in Zentralfrankreich, die als umso feiner je kleiner gelten, oft ein gelber Kern. Die Le-Puy-Linsen haben jedoch eine dunkelgrüne Schale mit schwarzen Sprengseln. Manche sind regelrecht gefleckt. Es gibt sogar rabenschwarze Linsen, die man gern vornehm Belugalinsen nennt, wie den feinsten Kaviar, dem sie tatsächlich, wenn sie gekocht sind, ein wenig ähneln. Denn nach dem Kochen hellt sich ihr glänzendes Schwarz in ein feines, mattes Perlgrau auf – wie guter Kaviar. Braune Linsen gibt es in unterschiedlichen Abstufungen: die kleinen, hellbraunen nennt man liebevoll Champagnerlinsen, sie gelten als die feinsten und elegantesten. (Ihren Namen verdanken sie ihrer Herkunft, sie stammen ursprünglich aus der Champagne.) Die etwas dunkleren Linsen, von einem leicht ins Rötliche spielenden Braun, sind herzhafter im Geschmack. Man ahnt unter ihrer Schale bereits den leuchtend orangefarbenen Kern – tatsächlich werden sie geschält zu so genannten roten Linsen.
Alle kleinen Linsen sind eher festkochend, also auch die grünen, die braunen oder die gefleckten, sie geben beim Garwerden keine Stärke ab. Sobald diese Linsen jedoch geschält sind, ihr gelbes, orangefarbenes, manchmal sogar cremigweißes Herz (bei indischen Sorten) freiliegt, zerfallen sie schon nach kurzer Kochzeit regelrecht zu einem Püree. In den Küchen Asiens, vor allem in Indien, aber

auch in Malaysia und Indonesien, liebt man diese Pürees, die natürlich heftig mit scharfen Sachen gewürzt werden: mit Ingwer, Chili, Knoblauch. Es ist nämlich die Schale, die Linsen in Form hält. Außerdem steckt in ihr auch das meiste Aroma.
Welche Sorte man wofür verwendet, ist natürlich Geschmackssache – auch Sache des Geldbeutels: Die kleinen Sorten sind teurer als die klassischen Tellerlinsen. Man findet sie eher in Feinkost- oder guten Naturkostläden. Dort kann man oft unter einer reichen Vielzahl von Linsen auswählen – probieren Sie am besten einfach mal unsere Rezepte mit den verschiedensten Sorten! Die Kochzeit ist – deshalb aufpassen! – je nach Größe unterschiedlich.

Winzige Linsen: Jede einzelne ein Kraftpaket!

Linsen haben nicht von ungefähr eine so eindrucksvoll lange Tradition in den Küchen der Welt: Sie gedeihen auch auf armen Böden, bieten dort Nahrung, wo es sonst sehr karg zugeht. Sie gehören zu den Hülsenfrüchten, den Leguminosen, jeweils zwei bis drei Linsen reifen in einer Schote.
Im Appetitlexikon von 1894 galt die Linse noch »als die unbeliebteste unter den Hülsenfrüchten«. Dabei liefert sie gleich ein ganzes Bündel an wichtigen Nährstoffen. Linsen sind reich an besonders bekömmlichem Eiweiß, das vom Körper gut verwertet werden kann. Sie enthalten viele Aminosäuren, die der Körper zum Aufbau eigener Proteine benötigt. Deshalb sind sie ein guter Ersatz für tierisches Eiweiß. Ihre komplexen Kohlenhydrate spenden Energie, außerdem beschäftigen sie den Verdauungstrakt eine Weile und geben so lange ein befriedigendes Gefühl der Sättigung. Dazu kommen Faser- und Ballaststoffe, die den Darm fit halten und nebenbei helfen, Schadstoffe aus dem Körper zu transportieren. Reichlich ist auch das Angebot an B-Vitaminen. Mineralstoffe und Spurenelemente wie Kalzium, Kalium, Phosphor und Eisen unterstützen wichtige Körperfunktionen: den Knochenaufbau, Flüssigkeitsaustausch oder den Sauerstofftransport.
Außerdem enthalten sie Saponine, die den Cholesterinspiegel senken, und ihre Phytoöstrogene sollen sogar helfen, Wechseljahrsbeschwerden zu mildern. Mit großer Wahrscheinlichkeit verringern Hülsenfrüchte-Fans ihr Risiko, an bestimmten Krebsarten zu erkranken.
Aber Hülsenfrüchte enthalten auch Purine, deshalb sollten Menschen mit Gicht, übersäuertem Magen oder Nierenerkrankungen damit vorsichtig sein!

Linsen in der Küche

Einweichen oder nicht? Das hängt von der Sorte und vom Alter ab! Die großen Tellerlinsen sind einfach schneller gar, wenn man sie bereits am Vorabend mit knapp zwei Handbreit Wasser bedeckt. Dann brauchen auch solche Linsen, die schon ein paar Jahre im Küchenschrank haben warten müssen, nicht länger als eine Stunde. Gerade kleine Linsen sind jedoch so schnell gar, dass man sich das Einweichen sparen kann. Man sollte überdies während des Kochens immer wieder nachschauen, es ist zu schade, wenn die Linsen aufplatzen und zerfallen, weil man sie zu lange gekocht hat. Die schwarzen Belugalinsen sind zum Beispiel nach 20 Minuten wunderbar zart, ganz ohne Einweichen. Wenn die grünen Le-Puy-Linsen frisch sind, brauchen sie ebenfalls kaum länger. Während uralte Tellerlinsen noch nach zwei Stunden mächtig Biss aufweisen können.

Salz ins Kochwasser oder nicht?

Es gibt kaum ein Rezept für Hülsenfrüchte, wie weiße Bohnen und eben auch Linsen, in dem nicht ausdrücklich gefordert wird, man solle sie in ungesalzenem Wasser kochen, weil sie sonst hart blieben. Bitte tun Sie das nicht! So werden Linsen immer ein wenig fad schmecken. Das Salz muss während des Kochens in die Linsen eindringen können, später hinzugefügt nützt es leider nichts mehr. Viel wichtiger, damit Linsen nicht hart bleiben, ist: Sie dürfen niemals sprudelnd kochen. Linsen bestehen vorwiegend aus Eiweiß, und dieses nimmt zu große Hitze übel, indem es hart wird.

ZUTATEN

Für vier bis sechs Personen:

150 g kleine braune Linsen
Salz
1 Stück Sellerie
1 Möhre
1 Lauchstange
1 Stängel Bleichsellerie
1 Frühlingszwiebel
ca. ½ l Brühe
glatte Petersilie
nach Belieben: 100 g Nordseekrabben, Räucheraal oder Räucherzunge
3-5 Blatt Gelatine
Essig, Salz und Pfeffer zum Abschmecken

Außerdem:
Salatblätter (Frisée, Radicchio, Feldsalat, Chicorée)

Radieschenvinaigrette:
4 Radieschen
2 EL Apfelessig
1 EL Balsamessig
Salz, Pfeffer
4 EL Olivenöl
evtl. 1 Schuss Brühe
1 Bund Schnittlauch

Zitronenmayonnaise:
1 Eigelb
1 EL Delikatesssenf
4 EL Öl (am besten ein mildes Olivenöl, z.B. aus Ligurien)
Saft einer halben Zitrone
1 Prise Zucker
1 Spritzer Worcestershiresauce
Salz, Pfeffer
2-3 EL Brühe

Linsensülze mit Radieschenvinaigrette

Eine hübsche Vorspeise in einem Menü, aber auch ein leichtes ganzes Essen, etwa zusammen mit Bratkartoffeln, das sich wunderbar vorbereiten lässt! Wichtig, damit die Sülze schön in Form bleibt, ist die ausreichende Menge an Gelatine. Um zu wissen, wie viel Ihre Förmchen fassen, sollten Sie sie zuerst mit Wasser füllen und diese Menge abmessen: Etwa die Hälfte dieser Menge wird später an Brühe nötig sein, um die Sülzenzutaten zu umschließen; und pro ¼ l braucht man drei Blatt Gelatine, um die Sülze zu stützen – alles klar?

1 Die Linsen mit Wasser reichlich bedeckt einweichen, dann abgießen und mit frischem, gesalzenem Wasser bedeckt weich kochen. Champagnerlinsen sind nach knapp einer halben Stunde gar, Tellerlinsen brauchen länger, kleine braune Linsen weniger.

2 Inzwischen die Gemüse putzen, wo nötig schälen und so akkurat wie möglich linsengroß würfeln. Da ist ein Juliennehobel segensreich, man kann auch die Aufschnittmaschine zu Hilfe nehmen: zuerst in Scheiben schneiden, dann aufeinander stapeln und quer in Streifen, schließlich in Würfel schneiden. Diese Gemüsewürfel, am besten nach Garzeit hintereinander (zuerst also Möhren und Sellerie,

dann Lauch und Stangensellerie, schließlich auch Frühlingszwiebeln), in der Brühe ein bis zwei Minuten bissfest kochen. Ganz am Ende die gehackte Petersilie zufügen, die dadurch ebenfalls ihre Farbe stabilisiert. Alles abgießen (die Brühe natürlich auffangen) und in einem Sieb unter fließendem kaltem Wasser abschrecken, damit die Gemüse ihre leuchtende Farbe behalten.

3 Sobald die Linsen weich sind, werden sie abgegossen, mit den Gemüsewürfelchen vermischt. Außerdem kommen jetzt die Nordseekrabben, der in Würfel geschnittene Räucheraal oder die Zunge dazu: einfach untermischen und alles nochmals abschmecken.

4 In Portionsförmchen verteilen, kleine Becher, Souffléförmchen oder Espressotässchen, alles dabei ein wenig festdrücken. Die aufgefangene Brühe nochmals abmessen: auf ¼ l drei Blatt Gelatine nehmen. Diese in kaltem Wasser einweichen, dann in der heißen Brühe auflösen. Jetzt sehr kräftig abschmecken, vor allem mit Salz und Säure – Gelatine schluckt vor allem nach dem Abkühlen eine Menge Geschmack! Die Förmchen damit auffüllen, bis die Zutaten von der Brühe bedeckt sind, und anschließend mit Klarsichtfolie abdecken und in den Kühlschrank stellen.

5 Zum Servieren die Sülzchen aus den Förmchen lösen, stürzen, mit bunten Salatblättern umlegen und mit einer kräuterigen Radieschenvinaigrette umkränzen: Dafür die Radieschen in Stifte hobeln und würfeln. Essig, Salz, Pfeffer und Öl aufschlagen, eventuell mit einem Schuss Brühe verdünnen. Die Radieschenstifte sowie Schnittlauchröllchen unterrühren.

6 Für die Zitronenmayonnaise das Eigelb mit Senf aufschlagen, langsam das Öl hinzufließen lassen, die hellgelbe Creme würzig und schön säuerlich abschmecken und mit so viel Brühe verdünnen, dass man dekorative Kleckse rund um die Sülze auf den Teller und auf die Salatblätter kleckern kann.

BEILAGE

Frisches Weißbrot oder als Imbiss auch herzhafte Bratkartoffeln!

GETRÄNK

Dazu passt am besten ein kühles Bier. Man kann natürlich auch Wein dazu trinken, einen kräftigen Weißwein etwa, der rund und weich sein darf, oder ein Weiß- oder Grauburgunder. Zum Beispiel aus Baden.

TIPP

Gut schmeckt darin auch das Filet von Räucherforellen, für Fischgegner passen auch Würfel von Räucherzunge.

ZUTATEN

Für vier bis sechs Personen:

200 g Tellerlinsen
1 Möhre
1 Lauchstange
¼ Sellerie
1 kleine Zwiebel
1-2 Knoblauchzehen
2-3 EL Olivenöl
1 l Brühe
2 Lorbeerblätter
1 kleine Chilischote
Salz, Pfeffer
100 g Sahne
1 Händchen voll frische Minze
Zitronensaft
ca. 300-400 g Räucheraal

Feines Linsensüppchen mit Aalfilet

Dass das Zeug zum edlen Gourmetgenuss auch in ganz normalen Haushaltslinsen steckt, lässt sich sehr leicht beweisen: Wir kochen sie ganz so wie für einen derben Eintopf, zusammen mit Wurzelwerk und Gewürzen. Allerdings nehmen wir statt schlichtem Wasser schon zum Garen eine aromatische Brühe. Schließlich wird alles mit dem Pürierstab glatt gemixt, mit Sahne abgerundet und mit reichlich frischer Minze aromatisiert. Man kann die Suppe pur, einfach mit knusprigen Croutons servieren. Noch feiner wird sie, wenn man sie durch ein Sieb streicht.
Sehr gut passt dazu geräuchertes Aalfilet als Einlage. Es wird unmittelbar vor dem Servieren in die vorgewärmten Teller gelegt und dann erst mit der heißen, fertigen Suppe übergossen – am besten bereits bei Tisch, damit die Gäste unverzüglich loslegen können.

1 Die über Nacht eingeweichten Linsen abgießen, mit dem gewürfelten Wurzelwerk, gehackter Zwiebel und Knoblauch in einen Suppentopf füllen und in Olivenöl andünsten. Abgetropfte Linsen zufügen, Brühe angießen, Lorbeerblätter und Chilischote in den Topf geben. Salzen, pfeffern, aufkochen und auf kleinem Feuer zugedeckt

etwa eine knappe Stunde langsam weich köcheln. Die Linsen schließlich mit dem Mixstab glatt mixen (Lorbeerblatt, eventuell auch Chili herausfischen und wegwerfen), dabei die Sahne zufügen. Und zum Schluss die Minze mitmixen. Vor allem mit Zitronensaft abschmecken!

2 Raffiniert sind darin Streifen von geräuchertem Aalfilet: Dafür den Aal zunächst häuten, dann das Fleisch von der Mittelgräte heben. Die Filets schräg in fingerbreite Streifen schneiden und in den vorgewärmten Teller auslegen. Mit der heißen Suppe begießen und sofort servieren. Nach Belieben auch knusprige Weißbrotcroutons über die Suppe streuen – das ergibt einen interessanten Biss.

VARIANTEN

Statt der Tellerlinsen können Sie auch alle anderen Linsensorten verwenden, dadurch bekommt die Suppe jedes Mal eine andere Farbe und natürlich auch einen anderen Geschmack! Und mit geschälten Linsen ist diese Suppe geradezu ein Schnellgericht!

GETRÄNK

Hierzu könnte man einen spritzigen Sauvignon trinken, der mit seinem herben Cassisduft mit der üppigen Minze gut zurechtkommt. Zum Beispiel vom Weingut Gross aus der Steiermark.

ZUTATEN

Für zwei bis drei Personen:

200 g kleine feine Linsen (z. B. aus Le Puy)
1 Lorbeerblatt
4-6 Lammkoteletts
3 EL Olivenöl
3-4 Thymianzweige
2 Knoblauchzehen
2 Wacholderbeeren
Salz, Pfeffer
3 Hand voll Salatblätter (Frisée, Chicorée, Feldsalatröschen)
2 EL guter Sherryessig
2-3 EL Nussöl (z. B. Hasel- oder Walnussöl)
1 EL Balsamessig

Linsensalat zu Lammkoteletts

Eine möglichst bunte Mischung von Salatblättern dient dem Linsensalat als Bett: Frisée zerzupft, Chicorée geschnitten, Radicchio, Frühlingszwiebeln und Stangensellerie. Darüber werden zarte Linsen gestreut, die mit einer Sauce aus Linsencreme angemacht sind. Diese kann man natürlich auch pur als vegetarische Mahlzeit reichen.

1 Die Linsen mit reichlich Salzwasser bedeckt gar köcheln, dabei mit einem Lorbeerblatt aromatisieren. Inzwischen Lammkoteletts in der sehr heißen Pfanne im Olivenöl auf beiden Seiten jeweils gut eine Minute scharf braten, das Öl dabei mit Thymian, zerquetschtem Knoblauch und gehackten Wacholderbeeren würzen. Die Pfanne dann vom Feuer ziehen, die Koteletts immer wieder in der jetzt nachlassenden Hitze drehen, damit sie schön durchziehen können und saftig bleiben. Erst jetzt salzen.

2 Die Salatblätter zerzupfen, in einer Schüssel mit einer Marinade aus Sherryessig, Salz, Pfeffer und Haselnussöl (oder einem anderen aromatischen Öl) anmachen. Auf Tellern als Bett verteilen. Zwei Drittel der abgetropften Linsen in dem in der Schüssel zurückgebliebenen Marinadenrest anmachen und auf diesem Bett locker verteilen. Die restlichen Linsen mit Balsamessig und Olivenöl zu einer glatten

cremigen Sauce mixen, eventuell, falls nötig, mit einem Schuss Brühe oder Linsensud verdünnen. Gut abschmecken!

3 Die Lammkoteletts auf den Linsen im Salatbett anrichten. Mit Klecksen von Linsensauce beträufeln – ein sehr elegantes, feines Gericht!

BEILAGE

Dazu knuspriges Weißbrot mit einer schönen Krume, damit man die intensive Sauce gut aufnehmen kann.

GETRÄNK

Ein reichhaltiger Weißwein, der eine gewisse Fülle im Mund erzeugen darf, zum Beispiel ein Chardonnay vom Weingut Kopp in Baden.

ZUTATEN

Für vier Personen:

Linsengemüse:
300 g Tellerlinsen
(oder nach Gusto grüne oder braune Linsen)
2 Lorbeerblätter
Salz
1 Bund Suppengrün
800 g gepökelte Schweineschulter (Schäufele) oder Kassler (ohne Knochen)
1 getrocknete Chilischote
Pfeffer
Muskat
1 Schuss Balsamico

Außerdem:
1 Wirsingkopf

Linsen im Wirsingpäckchen

Dafür kocht man zunächst ein Linsengemüse, das mit ein paar pürierten Linsen eine schöne dicke Konsistenz bekommt. Mit den Linsen wird gepökeltes Schweinefleisch mitgegart, ganz langsam und am Stück, damit es saftig bleibt. Würde man die Sache mit etwas Brühe verdünnen, hätte man jetzt einen herrlichen Linseneintopf.
Wir allerdings füllen die Linsen in blanchierte Wirsingblätter, wickeln Päckchen daraus, die man prima vorbereiten kann. Sie werden zum Servieren nur noch im Dampf erwärmt.

1 Die eingeweichten Linsen mit Lorbeerblättern und Salz gar kochen, dabei das fein gewürfelte Suppengrün sowie das Schweinefleisch von Anbeginn an mitkochen. (Wichtig: Wegen ihrer kürzeren Garzeit sollte man bei kleinen Linsen lieber Kassler nehmen, das ebenso schnell gar ist wie die kleinen Linsen. Die Schulter braucht länger, etwa wie die Tellerlinsen!) Natürlich auch die Chilischote mitköcheln lassen. (Beides sollte auf keinen Fall richtig kochen, weil sowohl Linsen wie Fleisch dadurch hart werden. Nur leise ziehen lassen. So bleibt auch das Fleisch schön saftig.)

2 Wenn die Linsen und das Fleisch weich sind, beides zunächst etwas abkühlen lassen, bis man es anfassen kann. (Man kann die Linsen und das Fleisch natürlich auch bereits am Vortag zubereiten.)

3 Das Fleisch herausnehmen, die Gewürze herausfischen und schließlich die Flüssigkeit abgießen (diese natürlich auffangen). Mit dem Pürierstab ein paar Mal in den Linsen herumfahren, um einen Teil von ihnen zu zermusen und so die Masse anzudicken. Erst jetzt das Fleisch zentimetergroß würfeln und unter das Linsengemüse mischen und mit Salz, Pfeffer, Muskat und Balsamico abschmecken.

4 Den Wirsingkopf entblättern, unschöne, löchrige, welke Blätter entfernen, die schönen Blätter waschen und in Salzwasser blanchieren. Wo nötig den Strunk herausschneiden. Jeweils ein oder, wenn sie sehr klein sein sollten, sogar zwei Blätter so auf die Arbeitsfläche legen, dass man sie füllen kann: die keilförmige Öffnung des Strunks übereinander legen, jeweils einen Löffel Linsengemüse mit Fleischwürfeln in die Mitte setzen, das Blatt zusammenschlagen, aufrollen und das Röllchen auf die Nahtstelle setzen, damit es gut zusammenhält. Auf einem mit Öl eingepinselten Teller oder auf einem Dämpfkorb über Wasserdampf etwa 15 Minuten dämpfen. Die Röllchen auf einer Platte anrichten und heiß servieren.

BEILAGE

Ein sahniges Kartoffelpüree.

GETRÄNK

Entweder ein frisches, kühles Pils oder ein würziger Rotwein, zum Beispiel einen Lemberger aus Württemberg. Wir haben dazu die »Kreation« von Dautel getrunken, eine Cuvée aus Cabernet, Lemberger und Merlot.

Linsenaufstrich

Bleiben gekochte Linsen übrig, zu wenig, um daraus noch ein Essen zu strecken, zu schade, den Rest wegzuwerfen, dann wird immer noch ein herrlicher Brotaufstrich daraus: Einfach glatt mixen, etwas Olivenöl dazu und kräftig würzen, mit Schärfe (Currypaste), Knoblauch und einem kleinen Löffel Tomatenpüree. Das ergibt eine köstliche Creme, auf geröstetem Brot ein fabelhafter Happen zwischendurch oder zum Glas Wein.

CHIANTI
2002

Handfestes zum Glas Wein

Einfach und herzerwärmend – wunderbar!

Im Winter, wenn es so früh dunkel wird und draußen unfreundlich und kalt ist, macht es besonders viel Freude, Gäste einzuladen, sich mit ihnen um den Tisch zu versammeln, etwas Gutes zu essen, zu trinken, zu schwatzen und es sich gemütlich zu machen. Das Essen sollte an einem solchen Abend eine gute Grundlage bieten, aber bitte nicht so schrecklich viel Arbeit machen. Es sollte sich gut vorbereiten lassen, aber natürlich nicht die Welt kosten und trotzdem gut zum Wein passen. Also herzhaft, einfach, gut!
Ideal sind für solche Gelegenheiten Gerichte aus einem Topf, vom Blech oder aus der großen Bratenform (Reine) im Backofen. Dann braucht man auch keine aufwändig und festlich gedeckte Tafel, es genügt ein einziger Teller, und manchmal kommt man sogar ganz ohne Besteck aus – man steht also anschließend nicht noch ewig in der Küche vor Bergen von Abwasch. Ein gastgeberfreundlicher Abend also, aber einer, der auch den Gästen viel Spaß macht, weil es locker und gemütlich zugeht.

Wein ist lebendig!

Zunächst sollte man den Wein nicht erst in letzter Minute besorgen, sondern so rechtzeitig, dass er sich zu Hause von den Strapazen des Transportes wieder erholen kann. Die heutigen, mit modernster Kellertechnik erzeugten Weine sind zwar nicht mehr so anfällig wie es die Weine in früheren Zeiten waren – gute Betriebe filtern und stabilisieren ihre Weine mit Sorgfalt (von individuellen, eher raren und teuren Ausnahmen abgesehen). Hierzu verwendet man in der modernen Kellertechnik nicht mehr, wie früher, in der Hauptsache Chemie, sondern fördert biologische Umwandlungs- und Abbauprozesse durch gezielte Temperatursteuerung. Auch können Enzyme (aus natürlichen Organismen gewonnene oder labortechnisch hergestellte Proteine, die bestimmte chemische Prozesse beschleunigen oder auch erst ermöglichen), die man den Trauben beim Pressen zufügt, den Pressvorgang und die Klärung des Saftes erleichtern, wodurch der Saft bereits hochwertiger und weniger mit Bitterstoffen und anderen unangenehmen Substanzen belastet ist. Weiter sorgen bestimmte Hefestämme – Hefen wandeln ja den Zucker im Traubenmost in Alkohol um! – dafür, dass die besonderen Charakteristika der einzelnen Rebsorten deutlicher zum Ausdruck kommen. Es wird zudem die Gärtemperatur entsprechend gesteuert (eine niedrige Temperatur erhält zum Beispiel die fruchtigen Aromen bei Weißweinen besser), und die genau dosierte Zufuhr von Gärsalzen und Sauerstoff sorgt für optimale Arbeit der Hefen. Bei Rotweinen gibt es verschiedene Techniken, die Farbe vollkommen aus den Beerenhäuten zu extrahieren (deswegen braucht man zum Beispiel heute nicht mehr unbedingt die farbintensive Sorte Dornfelder zum Färben von hellem Spätburgunder). Der früher noch sehr häufig in der Flasche sich absetzende Weinstein (der zwar keine Qualitätsminderung bedeutet, aber unschön ist) wird meist durch Kälte bereits in der Kellerei ausgefällt (und zu Backpulver verarbeitet!). Der Wein wird dann gefiltert und vor dem Verlassen des Betriebes noch auf seine Stabilität überprüft.

Wein probieren, Fehler erkennen

Also: Ein paar Tage Ruhe vor dem Öffnen tun dem Wein sicher gut. Wenn man ihn dann öffnet, erfolgt die erste Prüfung: Hat er auch keinen Fehler?
Grundmängel, die früher recht häufig anzutreffen waren, findet man heute selten: Weine, die oxydiert sind, nach verdorbener Hefe und Schwefel »duften« (Hefeböckser), nach muffigem Fass riechen (also »mäuseln« – »möpseln« hat Kurt Tucholsky das noch schöner genannt) oder mit einem Essigstich (»flüchtige Säure«), findet man im Handel eher selten – am ehesten noch bei kleinen Winzern, die ihre Produkte im Straßenverkauf an ahnungslose Touristen loswerden wollen (von denen sie mit einigem Recht annehmen können, dass sie nicht noch einmal an diesen Ort kommen, um zu reklamieren) und sie dazu in ihren romantisch dunkel befunzelten, alle kritischen Sinne benebelnden Keller führen: Zu Hause ist dann das Erwachen schmerzlich, im wahrsten Sinne des Wortes!
Ziemlich häufig ist leider der Korkschmecker (von dem sollen fünf bis zehn Prozent aller Weine befallen sein). Im Restaurant schnuppern die Kellner gerne schon mal am Korken – aber das ist ziemlich unsinnig, denn ein Kork riecht immer nach Kork. Ob der Geschmack sich dem Wein mitgeteilt hat, kann man erst erkennen, wenn der Wein im Glas ist. Oft riecht man es schon deutlich, manchmal erkennt man den Korkschmecker erst beim Probieren – einen im deutlichen Fall üblen Geschmack, hervorgerufen durch noch nicht ganz sicher belegte Reaktionen im Korken, oft aber auch nur hintergründig und den eigentlichen Geschmack des Weines störend. Für den Produzenten ist das besonders dumm, denn der Kunde wird im Regelfall diesen Wein einfach nicht gut finden, also nie wieder kaufen, aber der Produzent weiß nicht, warum. Viele Häuser verwenden daher für die gängigen Qualitäten heute nicht mehr Naturkorken, sondern solche aus Silikon oder verschließen ihre Flaschen – wie die Schweizer – mit einem Anrollverschluss (Schraubkappe). Das ist vollkommen in Ordnung, von lagerfähigen Spitzenqualitäten erwartet man aber doch noch immer eher den traditionellen, möglichst langen und dichten Naturkorken.

Der richtige Wein im passenden Glas

Je größer der Wein, desto größer das Glas – dabei eher schlank für den würzigen, kräftigen Bordeaux- und Chianti-Typ bzw. Sauvignon, Silvaner und Riesling, mehr bauchig für die fruchtbetonten Weine aus Burgund, Piemont und von der Rhône bzw. für Chardonnay, Weiß- und Grauburgunder. Ein ebenso lehrreiches wie lustiges Spiel: Machen Sie mit Ihren Gästen die Probe! Servieren Sie ein und den-

selben Wein (also schon in der Küche einschenken und die gefüllten Gläser auf den Tisch stellen!) in vier verschiedenen Gläsern – niemand wird glauben, dass es sich jedes Mal um denselben Wein handelt, sondern alle werden auf vier verschiedene Weine tippen…
Mehr darüber und über die richtige Glaswahl im Kapitel zum Weihnachtsmenü.

Vom Tafelwein bis zum Qualitätswein

Wir unterscheiden in Deutschland (anders als in den meisten anderen Weinländern) nicht nur nach der Herkunft der Trauben, sondern auch nach dem Zuckergehalt bei der Lese und im fertigen Wein. Zusammengenommen bedeutet dies, dass wir geradezu unüberschaubar viele verschiedene Weintypen und -qualitäten aus ein und demselben Gebiet erhalten können.

- Vom einfachen Tafelwein (bei ihm muss über die Herkunft nichts vermerkt sein, nur mindestens 8,5 % Alkohol muss er aufweisen, es kann aber auch eine Weinbauregion genannt werden)
- über den Landwein, der nach bestimmten, gesetzlich vorgeschriebenen Regionen benannt wird,
- den Qualitätsweinen eines bestimmten Anbaugebietes (QbA), wozu noch eine Lagenbezeichnung kommen kann – ein Mindestmostgewicht (Zuckergehalt, gemessen in Grad Öchsle) ist vorgeschrieben, es kann chaptalisiert werden, also mit rektifiziertem Traubenmost (= Traubenzucker) der Alkoholgehalt angehoben werden –,
- bis zu den Qualitätsweinen mit Prädikat, ebenfalls mit oder ohne Lagenbezeichnung. Hierfür sind für jede Region bestimmte Mindestmostgewichte vorgeschrieben, die höher liegen als für den QbA-Wein. An der Mosel, Saar und Ruwer wird überdies ein geringerer Zuckergehalt verlangt als etwa in Baden oder Franken. Das natürliche bei der Lese erreichte Mostgewicht darf nicht durch Zufügen von Zucker erhöht werden. Reichert der Winzer einen Most, dessen Zuckergehalt für einen Qualitätswein mit Prädikat ausreichen würde, noch mit Zucker an, so wird dieser automatisch als QbA-Wein zurückgestuft.

Was bedeuten Prädikate?

Unter einem als »Kabinett« eingestuften Wein versteht man im Allgemeinen einen ausgereiften, aber eleganten, leichten, im besten Fall spritzigen Wein – im sonnenreichen Jahrgang 2003 z. B. findet man aber unter diesem Prädikat Weine, die in anderen Jahren als Spätlesen oder gar Auslesen firmieren würden…

»Spätlese« bedeutet, was der Name sagt – später, nämlich vollreif, geerntet. Früher waren diese Weine meist mehr oder weniger süß, heute findet man alle bisher genannten Weine in den Geschmacksrichtungen trocken (bis 9 g Restzucker, wobei der Säurewert aber nicht mehr als 2 ‰ darunter liegen darf, bei 9 g Restzucker als 7 ‰ Säure vorhanden sein müssen), halbtrocken oder feinherb (bis 15 g Restzucker) oder ohne zusätzliche Bezeichnung, was lieblich bzw. mild bedeutet. Auch »Auslesen«, wofür nur die besten und reifsten Trauben verwendet werden (aus denen möglicherweise schlechte Teile oder Beeren entfernt wurden), können trocken sein, werden meist aber mit einer natürlich verbleibenden Restsüße angeboten, weil sie nicht vollkommen durchgären (vor allem, wenn es im Keller kalt ist). Noch süßer, aber von guten Winzern auch mit einer erfrischenden Säure, ist die nächste Prädikatsstufe, die so genannte »Beerenauslese«. Dafür werden die besten Beeren einzeln aus den Trauben gepickt; nur in besonders guten Jahren kann man, wenn die Trauben sehr gesund sind, ganze Trauben pressen. Für eine »Trockenbeerenauslese« werden hierzulande die rosinenartig eingetrockneten Beeren meist einzeln aus den Trauben gepickt – sie sind rosinenartig eingeschrumpelt, dank des Pilzes *Botrytis cinerea,* der die Beerenhäute porös macht, so dass das Wasser der Beeren verdunsten konnte und der Zucker ganz konzentriert ist.
In anderen Regionen erlaubt die Natur eher, solche Weine zu produzieren, weshalb sie dort auch oft weniger kosten, etwa in Ungarn (Tokayer), Österreich (Burgenland: Trockenbeerenauslese, Ausbruch, Essenz), Frankreich (Sauternes, Loupiac) oder Italien (Muffato). Diese Weine benötigen allerdings einen feuchten, nebligen Herbst, damit der Pilz sich ausbreiten kann – ansonsten entstehen dort Dessertweine ohne den charakteristischen, edelsüßen Botrytiston.
Schließlich gibt es noch den »Eiswein«, der bei mindestens 8 °C minus gelesen wird, also in einem Zustand, der das in den Beeren enthaltene Wasser gefrieren lässt, so dass beim schonenden Pressen nur der likörsüße Saft herausläuft. Diese einzigartigen Weine sind, ebenso wie die BA (Beerenauslesen) und TBA (Trockenbeerenauslesen) im Allgemeinen eine edle Rarität, die nur in günstigen Lagen geerntet werden kann und viel Handarbeit nötig hat – mehrere Lesegänge sind nötig, und die Weine sind daher sehr teuer. Da diese Weine auch in jenen Lagen möglich sind, in denen sie maschinell geerntet und also viel preiswerter angeboten werden können, muss man sehr aufpassen und sollte den Winzer oder zumindest sein Renommee kennen, ehe man zugreift. Diese Kostbarkeiten werden häufig in halben Flaschen abgefüllt, denn man trinkt sie nicht in großen Zügen, sondern nippt nur leicht am Glas, um ihren ganzen konzentrierten Fruchtschmelz genießen zu können …

Was noch alles auf dem Etikett steht

Wenn Sie jetzt mitgezählt haben, dann kann es von einem – wie wir mal annehmen – Riesling aus Hintertupfing an der Sprotte also mitunter 20 verschiedene Kombinationen an Qualitätsstufen und Geschmacksrichtungen geben! Hinzu kommen bei den hochwertigeren Weinen noch die Lagenamen (also der Weinberg, auf dem der Wein gewachsen ist). Oder die Bezeichnung »classic« für gehobene Qualität von meist etwas süß abgerundeten, gebietstypischen Weinen bzw. »Selection« für einen besonders herausragenden trockenen Wein aus einer gebietstypischen Rebsorte mit mindestens 12,2 % Alkohol. Und der VdP, der Verband der Prädikatsweingüter, in dem sich die Crème de la Crème der deutschen Weingüter versammelt hat, lässt die Weingüter ihre trockenen Spitzenweine, die mindestens Spätlesequalität haben müssen, per Hand gelesen, in traditioneller Kellertechnik ausgebaut werden, in der Menge streng limitiert sind und aus seit alters her anerkannten und klassifizierten Lagen stammen müssen, seit dem letzten Jahrgang als »Erstes Gewächs« (Rheingau), »Erste Lage« (Mosel-Saar-Ruwer) oder »Großes Gewächs« (die übrigen Weinbaugebiete) bezeichnen. Und das alles steht auf dem Etikett, wenn man es denn lesen kann.

ZUTATEN

Für acht bis zehn Personen:

20 Kartoffeln (etwa von gleicher Größe, à 80 g)
2 EL Butter

Gewürzmischung aus:
1 TL Pfefferkörner
1 TL Kümmel
1 EL Majoran
1-2 getrocknete Chilischoten
1 TL Salz
Muskat
250 g Schnittkäse in Scheiben
ca. 150 g durchwachsener Speck

Frischer Krautsalat:
1 schöner Chinakohl (ca. 1.3 kg)
Salz, Pfeffer
ca. 3-4 EL Apfelessig
3 EL Olivenöl
evtl. 2 Frühlingszwiebeln oder Schalotten
100 g Speck, in dünnen Scheiben
1 TL Kümmel

Käsekartoffeln

Je nachdem, mit wie vielen Gästen man rechnet, nimmt man dafür das tiefe Blech aus dem Backofen oder eine passende Bratenform (Reine). Es kommt außerdem darauf an, ob und was es sonst noch zu essen gibt – pro Person sollte man jedenfalls zwei mittelgroße Kartoffeln vorsehen:

1 Die Kartoffeln gar kochen, pellen und etwas auskühlen lassen (sie können ruhig auch bereits am Morgen gekocht und ganz abgekühlt sein). Längs halbieren und dicht nebeneinander, Schnittfläche nach oben, auf das mit Butter eingestrichene tiefe Backblech setzen. Die Gewürze in einem Mörser zerstoßen, die Kartoffeln mit der Hälfte davon bestreuen.

2 Die Käsescheiben passend zuschneiden und auf jede Kartoffel ein Stück legen. Mit dem Rest der Gewürzmischung bestreuen und alles mit Speckscheiben belegen. Ins Rohr damit, bei 180 °C (Heißluft) etwa 15 Minuten backen, bis alles brodelt.

3 Für den Salat die unschönen äußeren Blätter des Chinakohls entfernen und die Kohlblätter quer in sehr feine Streifen schneiden. In einer großen Schüssel mit Salz bestreuen und leicht durchkneten. Den Saft, der dabei entsteht, abgießen. Dann Essig und Öl sowie Pfeffer zufügen. Zum Schluss (wenn beliebt) die fein geschnittenen Frühlingszwiebeln (mit Grün!) oder die sehr fein gewürfelten Schalotten untermischen. Den Speck in winzige Würfel schneiden, in einer Pfanne kurz anrösten, den Kümmel zufügen und über dem Salat verteilen.

GETRÄNK

Ein Roter sollte eher mild, fruchtig und jung sein, etwa ein Beaujolais oder deutscher Dornfelder, ein Valpolicella aus Italien oder ein Merlot aus Übersee. Wir finden zu diesem Gericht aber einen Weißwein besser (der entgegen der allgemeinen Meinung ohnehin immer besser zum Käse passt als Rotwein, der eigentlich nur zu gereiften Hartkäsen und einigen intensiven Rotschmierkäsen besser geht), und zwar einen, dessen Säure mild und wenig ausgeprägt ist. Denn eine rassige Säure, wie etwa die vom Riesling, geht mit den vollen, gereiften Eiweißaromen des Käses nicht so gut zusammen. Also beispielsweise einen Weißburgunder, etwa aus Baden oder Südtirol, oder einen Silvaner aus Rheinhessen oder, wie hier, aus Franken. Und zwar einen Qualitätswein (QbA) oder eine Spätlese – aus dem Sonnenjahr 2003 darf es auch ein Kabinett sein.

Wirsingtopf mit Bratwurst

Ein Eintopf der Extraklasse, wobei es unbedingt auf die Güte der Bratwürste ankommt. Die sollte man nur bei einem vertrauenswürdigen Metzger einkaufen, damit man sicher sein kann, dass sie vom Fleisch anständig gezogener Tiere hergestellt sind. Gerade bei einem Eintopf ist es wichtig, dass jede einzelne Zutat stimmt, nur dann wird er auch wirklich gut schmecken. Andernfalls wird es zu jenem undefinierbaren Mischmasch, der den eigentlich wunderbaren Eintopf als Gattung verunglimpft hat…

ZUTATEN

Für acht bis zehn Personen:

2 große Zwiebeln
3 EL Olivenöl
100 g Speck, in dünnen Scheiben
800 g Kartoffeln
1 dicke Möhre
¼ Knollensellerie
1 Lauchstange
1-2 schöne Wirsingköpfe (2 kg)
ca. 1 l Wasser oder Brühe
Salz, Pfeffer
1 Sträußchen aus:
3 Lorbeerblättern
3 Thymianzweiglein
3 Petersilienstängeln
(die Blätter abzupfen und für später aufbewahren)

Außerdem:
1 Stück Zitronenschale
8-10 Bratwürste (grob oder fein, ganz nach persönlicher Vorliebe)

1 Einen ausreichend großen Topf dafür nehmen. Zunächst die Zwiebeln fein würfeln und im heißen Öl andünsten, den in feine Streifen oder Würfelchen geschnittenen Speck zufügen, dann die eher grob gewürfelten Kartoffeln. Schließlich auch zur Würze die sehr fein gewürfelte Möhre, den Sellerie und den Lauch hinzugeben.

2 Den Wirsing putzen, dicke Strunkteile herausschneiden und die schönen Blätter in Streifen schneiden. Für eine Minute in reichlich sprudelnd kochendes Salzwasser geben, dann eiskalt abschrecken – so blanchiert behält der Wirsing seine schöne Farbe und die Vitamine!

3 Mit Wasser oder Brühe auffüllen, den Kräuterstrauß einlegen und anschließend alles salzen und pfeffern. Jetzt zugedeckt leise etwa eine halbe Stunde köcheln.

4 Dann erst kommen die Bratwürste hinzu. Diese dafür aus ihrem Darm lösen und mit angefeuchteten Händen kleine Bällchen daraus formen. In den Topf legen, etwas rütteln, damit sie zwischen dem Gemüse versinken, und alles noch weitere zehn Minuten köcheln.

5 Den Eintopf im Topf lassen oder in eine große Terrine füllen. Er wird im Suppenteller serviert – man kann ihn also sogar auf dem Schoß haltend essen. Als Beilage genügt ein kräftiges Bauernbrot.

GETRÄNK

Auch wenn er »nur« eine Bratwurst begleiten soll, unbedingt einen sehr guten Wein nehmen! Gerade einfache Gerichte geben einem ausdrucksstarken Wein mehr Möglichkeiten, sich in seiner ganzen Kraft und Vielschichtigkeit zu entfalten, als komplizierte Kreationen. Ein großer Burgunder zur simplen (allerdings natürlich erstklassigen!) Bratwurst, ein gereifter Grüner Veltliner Smaragd aus der Wachau zum Wiener Schnitzel, ein Spitzengewächs aus Bordeaux

zum Lammbraten, ein Rioja (Spanien) zum Spanferkel aus dem Rohr, ein mächtiger Barolo zur sanft geschmorten Ochsenbacke, ein Elsässer Riesling Grand Cru (erstes Gewächs) zur reich garnierten Choucroute (Sauerkraut) oder ein Pfälzer Riesling aus einer Spitzenlage zur frisch geschlagenen Forelle blau – das gibt geschmackliche Eindrücke der unvergesslichen Art.
Wir trinken zum Wirsingtopf einen kräftigen Spätburgunder, der mit vollen Fruchtaromen punkten kann, aber durch einen Ausbau im kleinen Eichenfass (Barrique – oder Pièce, wie man in Burgund sagt) zusätzliche Kraft und Aromen bekommen hat. Dieser kann aus Frankreich (eben Burgund), der Schweiz (Graubünden!), Österreich, Italien oder Deutschland stammen (alle Anbaugebiete, besonders aber Baden, Württemberg, die Pfalz, Rheinhessen, Franken und der Rheingau, bieten heute eine große Vielfalt). Wir haben einen aus einem noch nördlicheren Anbaugebiet ausgesucht, das früher eher unbedeutende, helle, leichte und leicht zu trinkende Rotweine (oft mit Restsüße versehen) produziert hat, in den letzten Jahren aber mit großen, kompakten und doch eleganten Rotweinen auf sich aufmerksam gemacht hat – einen Spätburgunder von der Ahr! In dem engen, vor widrigen Winden geschützten und durch den nahen Rhein mit milder Luft versorgten Tal gedeihen, wenn der Winzer die Menge begrenzt und schon im Weinberg für beste Bedingungen sorgt (dies ist immer Grundvoraussetzung, um einen guten Wein lesen zu können!), Trauben bester Qualität: Dieser kräftige, trockene Wein schmeckt klar, rein und fruchtig nach roten und blauen Waldbeeren, zart nach Vanille, fein und frisch nach Waldboden, ist elegant, Säure und Süße (nicht von Restzucker, sondern dank der Süße der Konzentration) sind in einem perfekten Gleichgewicht, und der Gesamteindruck ist gleichzeitig kräftig, voll und samtig, ebenso muskulös wie schmeichelnd. Genau das Richtige also, um der Würze des Wirsings und der angenehm fetten Fülle des Wurstbräts den nötigen Widerpart zu leisten …

ZUTATEN

Für acht bis zehn Personen:

8 Hähnchenschenkel
2-3 Zitronen (siehe Tipp!)

Gewürzmischung aus:
1 gehäufter EL Salz
je 1 gestrichener EL schwarzer, weißer, grüner, roter Pfeffer, evtl. auch Longpepper

1,5 kg Kartoffeln
1 kg Petersilienwurzeln und/oder Pastinaken
ca. ½ l Wasser
glatte Petersilie

Hähnchenschenkel aus dem Rohr

Immer beliebt und wirklich praktisch, wenn viele Gäste zu bewirten sind. Die Hähnchenkeulen werden im Gelenk in Ober- und Unterschenkel getrennt. So lässt sich nachher auch besser servieren, zumal die Vorlieben ja unterschiedlich sind. Mancher schätzt die Keule, andere bevorzugen den Oberschenkel. Zum Würzen nehmen wir eine Mischung aus unterschiedlichen Pfeffersorten – vom grünen über den rosa (der eigentlich kein Pfeffer ist, sondern von einem eher dem Holunder verwandten Strauch stammt) bis zum interessant duftenden Longpepper aus Asien. Man findet ihn in Asienläden, aber man kann ihn notfalls auch durch Piment ersetzen.

1 Die Hühnerteile wie oben beschrieben in Ober- und Unterschenkel teilen, mit Zitronensaft und Zitronenschale einreiben. Salz und die verschiedenen Pfeffersorten im Mörser zu einer Würzmischung zerstoßen und die Hähnchenteile damit einreiben.

2 Kartoffeln schälen, zweizentimetergroß würfeln, ebenso die Wurzeln schälen, diese allerdings etwas kleiner würfeln. Auf dem tiefen Blech oder in einer Bratenreine verteilen, dabei ein wenig von der Gewürzmischung gut dazwischen verteilen. Auf dieses Bett die Hühnchenteile drapieren – dicht nebeneinander und mit der schönen Hautseite nach oben.

3 Die Reine zwei Finger hoch mit Wasser oder Brühe füllen, die Hähnchenteile kommen damit jedoch nicht in Berührung. Sie sollen darüber schweben und so eine knusprige Haut entwickeln. Bei 200 °C im Rohr etwa 45 Minuten braten, dann ist die Hähnchenhaut knusprig, und auch die Gemüsewürfel sind gar. Alles mit gehackter Petersilie bestreuen und in der Form oder auf dem Blech servieren.

BEILAGE

Dazu passt ein grüner Salat und frisches Weißbrot, um den verschmurgelten Saft aus der Reine herauszukratzen …

GETRÄNK

Hierzu schlagen wir Ihnen drei ganz verschiedene Weine vor, die jeweils ein spezifisches Image-Problem haben – zu Unrecht, wenn man sich ein wenig auskennt. Sie wählen einen aus, wenn Sie eine kleine Runde sind, mit einer größeren Runde am Tisch können Sie die Weine gleichzeitig gegeneinander probieren und diskutieren, wie sie zu dem Gericht passen!

Erstens: ein Rosé oder Weißherbst aus Baden – also ein aus roten Trauben gepresster Wein, wobei die Maische (die zerquetschten, von den Rappen, also den Stielen, befreiten Beeren in ihrem Saft) nicht lange auf den Schalen stehen bleibt, sondern sofort abgepresst wird (wie zum Beispiel der in der Champagne berühmte Blanc de Noirs, also ein fast vollkommen weißer Wein aus roten Trauben) oder nach wenigen Stunden, um ein wenig Farbe aus den Schalen in den Most übergehen zu lassen. Rosé, wie er in Frankreich heißt, Rosato in Italien oder eben Weißherbst (aus Baden) hatte einst einen schlechten Ruf, zu Recht: Früher gab man alle unreifen oder etwas angefaulten Trauben, die dem Rotwein durch die längere Verweildauer der Schalen und faulen Beeren (möglicherweise sogar mit einem Essigstich versehen) einen üblen Charakter verpasst hätten, einfach zum Weißherbst – da konnte man die Mängel einigermaßen korrigieren. Ordentliche Winzer erzeugen heute aber aus gesunden, vollreifen Trauben klare, wunderbar feinfruchtige und aromatische, säurefrische und bekömmliche Rosés. Leider findet man die besten dieser Weine kaum im Supermarkt (eher bei guten Versandhändlern), man bestellt sie im günstigsten Fall beim Winzer selbst. Wer dies tun will, informiert sich am besten in einem (oder in mehreren) der inzwischen vielen kompetenten Weinführer (im Buchhandel – siehe Tipps auf Seite 208).
Wir haben für das Hähnchengericht einen Rosé aus Südtirol ausgewählt, aus dem Gebiet von Kaltern, das ja ohnehin lange Zeit keinen

TIPP

Wenn Sie ausnahmsweise mal gute, also ungespritzte Zitronen bekommen, womöglich solche aus Ligurien oder von der amalfitanischen Küste, dann sollten Sie die Schale abreiben, solange die Zitronen noch prall und fest sind. Mit Salz vermischt hält sich ihr Parfum in einem Schraubglas lange. Die Schalenteile werden im Laufe der Zeit rascheltrocken und hart, dann sollte man sie mitsamt dem Salz im Mixer pulverisieren – so teilt sich ihr Duft dem Salz noch intensiver mit. Das intensive Zitronensalz passt gut zu Fisch, aber auch zu Gemüse! Die Zitronen selbst allerdings müssen Sie natürlich sofort auspressen. Den Saft können Sie einfrieren und bei Bedarf auftauen. So haben Sie lange von den zwar immer etwas teureren, aber am Ende doch erheblich wertvolleren Zitronen.

guten Ruf hatte. Inzwischen aber macht man dort wieder ausgezeichnete und obendrein nicht zu teure Weine.

Zweitens: ein einfacher Chianti, also ein nicht zu dichter Rotwein mittlerer Kraft, mit frischem Aroma und gut eingebundener Säure. Es kann, muss aber kein Classico aus dem historischen Anbaugebiet sein, sondern er kann gern aus den preiswerteren Gebieten um Siena (Colli Senesi), Arezzo (Colli Aretini), Pisa (Colli Pisani) oder dem östlich von Florenz gelegenen Rufina kommen. Keinen gelagerten, dichten Wein, also keine Riserva, auswählen – die wäre zu schwer und zu kräftig für das helle Geflügel. Ordentliche Qualitäten bekannter Häuser der Toskana findet man bei den Importeuren und Weinhandlungen, die auch verschicken, aber auch in Kaufhäusern (Karstadt bemüht sich hier sehr!) und gut sortierten Supermärkten oder sogar bei Getränkehändlern. Der einst mächtig lädierte Ruf des Chianti in der Bastflasche (vollkommen zu Recht »fiasco« genannt) ist inzwischen wieder weitgehend hergestellt, doch sind die Massen-Chiantis der Großkellereien weiterhin mit Vorsicht zu genießen – halten Sie sich lieber an die kleinen Produzenten, die von Importeuren betreut werden.

Drittens: ein Chardonnay. Diese weiße Burgunderrebe, die wahrscheinlich aus dem Libanon stammt, wird heute weltweit mit Erfolg angebaut und ist inzwischen auch in fast allen deutschen Regionen zugelassen. In guten Jahren, wenn die Beeren voll ausreifen können, ergeben sie auch hierzulande einen wunderbar komplexen, von reifen Aromen wie von wohlbalancierter Säure geprägten Wein, der häufig im kleinen Eichenfass, dem Barrique, ausgebaut wird. Den weltweiten Erfolg verdankt er der Tatsache, dass er auch in warmen Regionen eine angenehme Säure behält – bleibt es jedoch auch während der Lese heiß und fehlen die kühlen Nächte des Herbstes, wird er breit und schwer. Dieser international und industriell gemachte Chardonnay-Typ, den wir vor allem aus Kalifornien, Chile, Argentinien, Australien und Neuseeland kennen, aber teilweise auch aus Südeuropa und vom Balkan, hat dazu geführt, dass viele seiner überdrüssig wurden – ABC heißt daher die Devise oft: »Anything But Chardonnay«. Dabei ist ein guter Chardonnay eine prachtvolle Sache! Wir empfehlen einen aus seiner Heimat, also aus Burgund, und zwar eine einfache Dorflage aus Meursault. Solch einen Wein bzw. sein Äquivalent bekommt man in jeder guten Weinhandlung oder bei einem Versender. Oder Sie wählen einen Chablis – der ist auch immer ein Chardonnay...

Muscheln in Weißwein

Ein Gästeessen, wie man es sich schöner nicht vorstellen kann: Die große Schüssel auf dem Tisch wird immer wieder gefüllt, sobald die nächste Portion Muscheln gekocht ist.

ZUTATEN

Für acht bis zehn Personen:

2 große Zwiebeln
1 Lauchstange
1 Möhre
50 g Butter
2-3 Knoblauchzehen
glatte Petersilie
wenig Salz, reichlich Pfeffer
1 Flasche trockener Weißwein (z. B. ein säurereicher Riesling, aber auch ein milderer, üppiger Weißburgunder)
ca. 8 kg Muscheln

1 Die Zwiebeln, das Weiße der Lauchstange und die Möhre fein würfeln, in der heißen Butter sanft weich dünsten, ohne Farbe nehmen zu lassen. Erst den Knoblauch fein gehackt zufügen, schließlich auch die Petersilie. Salzen und pfeffern und so lange dünsten, bis die Zwiebeln weich sind. Mit Wein ablöschen.

2 Die Muscheln, wenn nötig, mehrmals waschen (fragen Sie Ihren Fischhändler! Heutzutage kommen die Muscheln meist geputzt und entsandet auf den Markt, und man hat keinerlei Mühe mehr mit ihnen), offene Muscheln aussortieren und wegwerfen. Die Muscheln jetzt portionsweise in den Topf geben, die Hitze erhöhen und zugedeckt auf starkem Feuer zum Kochen bringen, dann zwei bis drei Minuten heftig kochen, dabei den Topf mehrmals packen, den Deckel fest andrücken, und schütteln, damit die Muscheln im Inneren durcheinander gewirbelt werden und gleichermaßen mit Hitze in Kontakt kommen. Jetzt (das alles hat insgesamt keine zehn Minuten gedauert) sind alle Muscheln geöffnet (wenn nicht: wegwerfen!) und leuchten gelb in ihren schwarzen Schalen.

3 Mit einer Schaumkelle herausschöpfen und in einer Terrine zu Tisch bringen. Während die Muscheln verspeist werden, im verbliebenen Sud die nächste Portion kochen. Sie werden sehen – so bald kriegt man davon nicht genug!

Beilage: Baguette – schön knusprig aufgebacken. Und wer mag, serviert dazu Knoblauchbutter (einfach zimmerwarme Butter mit durchgepresstem Knoblauch und Salz verrühren und kalt stellen).

GETRÄNK

Es sollte ein kräftiger, aromatischer Wein sein, ein Sauvignon Blanc aus der Steiermark etwa oder aus dem im Nordosten von Italien gelegenen Friaul (es gibt auch ausgezeichneten Sauvignon Blanc aus Deutschland, aber der ist leider noch sehr selten und wird meist von den Winzern flaschenweise zugeteilt!) oder einen vollen, kräftigen, klaren, trockenen Riesling aus Deutschland – in diesem Fall also eine Spätlese aus der Pfalz, von der Nahe, aus dem Rheingau oder vom Mittelrhein, aus Rheinhessen oder Franken, aus Baden (Ortenau, Glottertal, Bodensee) oder gar eine Auslese trocken von der Mosel. Wir haben dazu eine Riesling Spätlese getrunken, und zwar aus einer großen Lage aus der Pfalz (»vom Buntsandstein«, Weingut Ökonomierat Rebholz, Siebeldingen), als Jahrgang 2002 noch nicht als Großes Gewächs deklariert.

Gebackene Quitten mit Schlagsahne

Einfacher geht's nicht. Die sonst so störrischen Quitten, derer man kaum mit einem scharfen Messer Herr wird, sind butterweich, wenn man sie gebacken hat. Und dann lassen sie sich mühelos halbieren, entkernen und mit einem Löffel verspeisen …

1 Quitten einzeln in Alufolie wickeln, bitte locker packen, es soll sich ein Luftraum über ihnen bilden, in dem die Hitze zirkulieren kann. Bei 200 °C eine bis anderthalb Stunden (je nach Größe) im Ofen backen.

2 Die Päckchen herausholen, die Quitten quer halbieren und mit einem scharfkantigen Löffel das Kerngehäuse ausstechen. In diese Höhlung Schlagsahne häufen, die mit Zucker und Vanillezucker gewürzt ist. Schmeckt unwiderstehlich gut!

GETRÄNK

Hier passt eine süße, duftende Auslese, und zwar eine Riesling Auslese von der Nahe, 2000 Monzinger Halenberg vom Weingut Emrich Schönleber.

ZUTATEN

Für acht Personen:

6-8 Quitten (je nach Größe genügt eine halbe, sonst eine ganze pro Person)
250 g Sahne
1-2 EL Zucker
1 Tütchen Vanillezucker

WEIHNACHTS-MENÜ MIT ENTENBRATEN

Superfestlich und superleicht

Alle Jahre wieder ... natürlich freuen wir uns alle auf Weihnachten! Und natürlich soll es ein großes, festliches Essen geben, am Weihnachtstag. Aber bitte möglichst so, dass man nicht vor lauter Kocherei die Lust am Essen verliert. Trotzdem haben wir uns diesmal sogar vier Gänge ausgedacht. Aber keine Angst: Es sieht alles viel aufwendiger aus, als es ist. Und: Es lässt sich eine Menge wunderbar vorbereiten, sodass zum Essen selbst nur noch wenige letzte Handgriffe nötig sind. Als Hauptgericht soll es eine Ente geben. Die ist nicht so groß wie eine Gans, man muss also nicht tagelang davon essen, wenn sich nur eine kleinere Normalfamilie um den Tisch versammelt. Aber sie bringt ebenfalls festliches Flair, denn so etwas gönnt man sich nicht alle Tage. Bestellen Sie die Ente unbedingt rechtzeitig beim Geflügelhändler oder beim Bauern auf dem Wochenmarkt. Es soll doch ein Festessen werden, die Ente sollte also bester Qualität sein. Richtig ausgewachsen, mindestens zwei Kilo schwer, besser sogar drei. Denn dann ist das Fleisch fest und kernig und hat Geschmack. Enten müssen (wie übrigens auch jedes andere Geflügel!) ein Alter erreichen, in dem sie genügend Zeit haben, Fett ins Muskelgewebe einzubauen – nur fettes Fleisch schmeckt wirklich gut! Solche Enten, wenigstens zwölf, besser 15 Wochen alt, sind fast doppelt so schwer und kosten natürlich erheblich mehr als die billigen Neun-Wochen-Enten – umgerechnet auf den Preis des essbaren Anteils sind sie dennoch günstiger. Und ein echter Genuss! Aber: Sie bedürfen natürlich einer längeren Garzeit als die kleineren, schnell gemästeten Enten von 1,5 bis höchstens 1,8 Kilogramm!

ZUTATEN

Für vier bis sechs Personen:

1 schöne Ente von etwa 2,5 bis 3 kg
2 große Zwiebeln
500 g Möhren
1 Bund Salbei
4 Bleichselleriestängel
1 Apfel
1 TL Salz
1 EL Pfefferbeeren
½ TL Korianderkörner
2 Pimentbeeren
1 TL brauner Rohrzucker
ca. 1 l Geflügel- oder Fleischbrühe
2 EL Apfel- oder Himbeeressig

Gebratene Ente

1 Die Flügelspitzen der Ente abschneiden und zusammen mit dem Hals und den Innereien in einen Suppentopf füllen. Vom Gemüse etwa ein Viertel grob zerschneiden und zufügen, auch alle unschönen Teile, wie Möhrenschalen, harte Selleriestücke gehören in diesen Suppentopf. Etwas Salz zufügen, auch einige Pfefferkörner und alles mit Wasser bedecken – ergibt nach gut zwei Stunden Köcheln eine wunderbare Brühe!

2 Salz mit den Gewürzkörnern und Zucker im Mörser zermahlen. Die Ente innen und außen mit gut der Hälfte davon einreiben. Zwiebeln und Möhren fein würfeln und in einer Schüssel mischen. Einige Salbeiblätter fein schneiden, Sellerieblätter und zwei der Stängel fein hacken und untermischen. Außerdem mit etwas Würzpulver (von unserer Mischung) abschmecken. Den Apfel schälen, vierteln, das Kerngehäuse entfernen, die Viertel in Scheibchen schneiden und zufügen. Diese Mischung in den Entenbauch stecken, die Schenkel über der Öffnung zusammendrücken und mit Küchenzwirn zusammenbinden.

3 Die Entenhaut überall dort, wo viel Fett darunter steckt, mit einer Gabel mehrmals einstechen, damit das Fett schön gleichmäßig ausbraten kann.

4 Jetzt wird der Vogel angebraten, und zwar im Backofen bei stärkster Hitze, nicht auf dem Herd – nur so erreicht ihn die entsprechende Hitze gleichmäßig: Bei 250 °C etwa 25 bis 30 Minuten, mit dem Rücken nach oben. Erst wenn die Ente richtig brutzelt und genügend Fett ausgebraten ist, mit Wasser oder Brühe ablöschen. Die Ente auf den Rücken drehen, den Rest der gehackten Zwiebeln und vom anderen Wurzelwerk in der Fettpfanne verteilen, die Hitze auf 150 °C herunterschalten und die Ente langsam anderthalb bis zwei Stunden braten, dabei immer wieder mit der Flüssigkeit aus der Fettpfanne begießen. Falls dort zu viel verdampft, aus dem Suppentopf auffüllen.

5 Dann die gesamte Flüssigkeit aus der Fettpfanne in einen Topf abgießen. Den Ofen nochmals auf große Hitze schalten. Die Ente mit Essig einpinseln und noch einmal circa fünf Minuten scharfer Hitze aussetzen, damit die Haut jetzt schön kross und knusprig wird.
Für die Sauce den abgegossenen Bratenjus so gut wie möglich entfetten – vorsichtig abgießen, eventuell mit Hilfe einer so genannten »Fett/Mager«-Terrine, oder abschöpfen. Ein dünner Fettfilm schadet jedoch nicht, hilft später sogar, die Sauce zu binden. Die Flüssigkeit mitsamt allem Wurzelgemüse in eine Kasserolle umfüllen und aufkochen. Mit dem Mixstab fein pürieren. Jetzt emulgiert das Fett und gibt der Sauce einen schönen Stand. Abschmecken und vor dem Umfüllen in eine Saucière nochmals aufmixen.

6 Die Ente auf einer Platte oder einem Tranchierbrett anrichten und zusammen mit der Sauce zu Tisch bringen. Außerdem schmecken dazu:

ZUTATEN

Für vier bis sechs Personen:

1 kleine Zwiebel
1-2 Knoblauchzehen
2 EL Olivenöl (oder Butter)
300 g gekochte Rote Bete
200 g altbackenes Weißbrot
100 g Magerquark
2 Eier
½ TL gehackter Kümmel
Salz, Pfeffer
Semmelbrösel
gehackte Petersilie

Rote-Bete-Knödel

Ein Rezept aus Südtirol, wo man sich aufs Knödelmachen gut versteht. Die pinkroten Knödel sehen unglaublich witzig aus und schmecken herrlich! Übrigens kann man sie schon am Vortag produzieren, sie bleiben geformt und mit Klarsichtfolie abgedeckt im Kühlschrank prima frisch und brauchen dann nur noch in reichlich Salzwasser etwa 20 Minuten lang gar ziehen. Ein Tipp: Unbedingt immer einen Probeknödel kochen, um zu prüfen, ob er auch wirklich zusammenhält. Sonst noch etwas mehr Brösel zufügen. Falls er zu fest ist, mit etwas Quark auflockern.

Zwiebel fein würfeln und im heißen Öl weich dünsten, dabei den gehackten oder durchgepressten Knoblauch zufügen. Mit den grob gewürfelten, geschälten Roten Beten und dem gewürfelten Brot im Mixer pürieren, dabei zum Schluss den Quark sowie die Eier einarbeiten. Mit Kümmel, Salz und Pfeffer würzen. Die Masse, wenn nötig, mit Semmelbröseln verstärken und die fein gehackte Petersilie untermischen. Eine halbe Stunde quellen lassen. Dann Knödel formen (mit angefeuchteten Händen, etwa tischtennisballgroß). In Salzwasser etwa zehn bis zwölf Minuten ziehen lassen. Wenn sie an der Oberfläche schwimmen und schwerelos kullern, sind sie gar.

TIPP

Man kann auch die bereits gekochte Rote Bete dafür verwenden, die es vakuum verpackt im Gemüseregal gibt. Aber bitte keine Rote Bete aus dem Glas – die ist bereits gesäuert und deshalb für dieses Rezept ungeeignet.

ZUTATEN

Für vier bis sechs Personen:

2,5 kg Blattspinat
Salz
1 große Zwiebel
2 EL Butter
2-3 Knoblauchzehen
1 kleine Chilischote
ca. 200 g Sahne
Muskat

Rahmspinat

Diesen Spinat wird garantiert kein Kind entrüstet wieder ausspucken und damit die Küchendecke sprenkeln, denn auf diese Weise zubereitet ist er ein überzeugendes Vergnügen!

1 Den Spinat verlesen, die Stiele abknipsen, die Blätter gründlich mehrmals in immer wieder frischem Wasser waschen, dann in Salzwasser eine Minute zusammenfallen lassen. In eiskaltem Wasser abkühlen, schließlich abtropfen lassen.

2 Die Zwiebel fein würfeln, in der heißen Butter weich dünsten, gehackten Knoblauch und die Chilischote (je nach Schärfeverträglichkeit mit oder ohne Kerne, gegebenenfalls auch unzerkleinert, dann kann man sie vor dem Pürieren herausfischen und entfernen) zufügen. Schließlich den Spinat dazugeben und alles gründlich mischen. Die Hälfte der Sahne angießen, alles etwa fünf Minuten leise köcheln und immer wieder schwenken. Wer mag, püriert den Spinat schließlich im Mixer oder mit dem Pürierstab zu einer glatten Creme, wobei man mit der restlichen Sahne dem Püree die gewünschte Konsistenz gibt. Man kann natürlich den Blattspinat lassen, dann jedoch den Rahm so vorsichtig angießen, dass die Blätter nicht darin ertrinken. In jedem Fall nochmals abschmecken, vor allem mit Muskat.

3 Das leuchtend grüne Püree lässt sich prima vorbereiten. Im Kühlschrank bleibt es bis zum Abend frisch und wird dann bei Bedarf in der Mikrowelle aufgewärmt. (Nicht im Topf, dort setzt es leicht an und verfärbt sich unschön. Lieber über heißem Dampf, wenn keine Mikrowelle zur Verfügung steht. Keine Angst übrigens beim Aufwärmen des Spinats. Die alte Regel, die davor warnt, ist, längst überholt. Das galt für jene Zeiten, als man noch in Alutöpfen kochte und man noch keine Kühlschränke kannte. Heutzutage ist es absolut kein Problem mehr, Spinat wieder zu erwärmen, vorausgesetzt natürlich, er hat nicht in der Wärme herumgestanden …

Jakobsmuscheln auf kleinem Salat

Die bunten Salatblätter sind keineswegs Dekoration, so schön sie auch aussehen und so sehr sie den Teller schmücken, die knackigen Blätter der leicht bitteren Wintersalate bringen Vitamine, Farbe und Biss, fördern aber auch den Appetit, öffnen Gaumen und Magen für das kommende opulente Menü: Jakobsmuscheln kann Ihr Fischhändler um diese Jahreszeit leicht besorgen, die weiße, zarte fleischige Nuss ist meist bereits ausgelöst aus ihrer schönen Schale, die wir als Shell-Reklame kennen. Sie haben damit überhaupt keine Arbeit mehr, müssen sie nur noch quer in dünne Scheiben schneiden. Aber: Halten Sie beim Einkauf dicht Ihre Nase dran, das weiße Muschelfleisch muss angenehm nach Meer oder lieber nach gar nichts duften, sonst lassen Sie sie liegen und greifen lieber zu Garnelen (die können Sie ruhig tiefgekühlt kaufen).

Die Salat- und Kräuterblätter abzupfen, große Blätter zerzupfen. Mit einer Senfvinaigrette anmachen und als Häufchen in die Mitte von großen Vorspeisentellern setzen. Die Jakobsmuscheln waschen, abtrocknen und mit einem scharfen Messer quer in dünne Scheibchen schneiden. Als Kranz dicht an dicht rund um den Salat dachziegelartig auf dem Vorspeisenteller anrichten. Zitronensaft, Zitronenschale und Olivenöl verrühren, die Jakobsmuscheln damit beträufeln, mit Fleur de Sel und einem Hauch Pfeffer würzen. Ein paar Schnittlauchröllchen darauf – und fertig!

ZUTATEN

Für vier bis sechs Personen:

8-12 Jakobsmuscheln
1 gute ungespritzte Zitrone
2-3 EL Olivenöl
Meersalz (Fleur de Sel)
Pfeffer
Schnittlauch

Salat:
2-3 Hand voll Salatblätter (Feldsalatröschen, Frisée, Chicorée, Radicchio, Kopfsalatherzen usw.) und Kräuterblätter (Kerbel, Petersilie, Sellerie)
1 gehäufter TL Senf
Salz, Pfeffer
2-3 EL Zitronensaft
3 EL Olivenöl

TIPP

Garnelen müssen Sie natürlich braten, am besten längs halbiert, dann werden auch die dickeren Teile schneller gar, dabei mit Thymian würzen.

ZUTATEN

Für vier bis sechs Personen:

2 dicke Lauchstangen (ca. 500 g)
4 mittelgroße Kartoffeln (ca. 350 g)
2 EL Butter
Salz, Pfeffer
1 Wacholderbeere
1 l Gemüse- oder Hühnerbrühe
100 g Sahne oder Crème fraîche
Muskat

Außerdem:
3 Scheiben Weißbrot
4 EL Butter
glatte Petersilie
1 gehäufter EL Delikatess-paprika

Lauchcremesuppe

Ein zartes, leichtes, helles Süppchen, dem knusprige Petersiliencroutons Farbe und Biss verleihen.

1 Den Lauch putzen: äußere, harte Blätter entfernen, nur das weiße untere Ende und das zarte, helle Grün verwenden. Den Lauch längs aufschlitzen, gründlich auswaschen und quer in dünne Scheiben schneiden. Kartoffeln schälen, zentimetergroß würfeln. Beides in einem ausreichend großen Topf in etwas Butter andünsten. Salzen, pfeffern und die zerdrückte Wacholderbeere zufügen. Mit Brühe auffüllen und zugedeckt etwa 30 Minuten leise kochen, bis alles richtig weich ist. Alles glatt pürieren, die Sahne angießen und noch einmal aufkochen. Mit Muskat abschmecken.

2 Das Weißbrot zentimeterklein würfeln, in der Hälfte der Butter langsam schön knusprig rösten. Zum Schluss die fein gehackte Petersilie zufügen und so lange die Pfanne rütteln und schütteln, bis die Croutons davon rundum überzogen sind. Die restliche Butter in einem kleinen Töpfchen schmelzen, das Paprikapulver darin kurz dünsten.

3 Servieren: Die Suppe nochmals abschmecken und mit dem Pürierstab aufschlagen. In vorgewärmte, tiefe Teller geben. Die Croutons auf der Oberfläche verteilen, außerdem dekorative Kleckse mit der roten Paprikabutter setzen.

Schokoladenauflauf

Unwiderstehlich duftend, noch warm, mit einem Klecks gut gekühlter himbeerroter Schlagsahne – das ist genau das richtige Dessert für Weihnachten!

1 Butter und zerbröckelte Schokolade in einer Kasserolle (eventuell im Wasserbad) schmelzen. Milch mit Mehl in einer Schüssel glatt quirlen. Langsam, unter Rühren, zur aufgelösten Schokolade in den Topf gießen, auf mittlerem Feuer erhitzen, dabei ständig rühren, bis sich alles zu einem dicken Teig verbunden hat.

2 Die Eigelb mit dem Puderzucker zu einer hellen, dicken Creme schlagen, unter den etwas abgekühlten Teig arbeiten.

3 Bis hierhin lässt sich alles wunderbar bereits am Nachmittag zubereiten. Am Abend, etwa eine Stunde bevor das Dessert serviert werden soll: Eiweiß mit einer Prise Salz steif schlagen und in zwei Partien unter den Schokoteig heben. In eine feuerfeste, flache, mit Butter ausgestrichene Form füllen. Bei 180 °C etwa 45 Minuten backen.

4 Die Sahne steif schlagen, dann mit der Himbeerkonfitüre mischen und getrennt zum Schokoauflauf servieren.

ZUTATEN

Für vier bis sechs Personen:

140 g Butter
140 g erstklassige Schokolade (möglichst hoher Kakaoanteil, ca. 70 bis 80 %)
¼ l Milch
140 g Mehl
6 Eier
140 g Puderzucker
1 Prise Salz
Butter für die Form

Himbeersahne:
250 g Sahne
2-3 EL Himbeerkonfitüre

TIPP

Falls Kernchen in der Konfitüre sind, sie etwas erwärmen und durch ein Sieb streichen. Übrigens passt stattdessen auch prima Preiselbeerkonfitüre oder Orangenmarmelade.

Der Wein

Ein großes Menü verlangt natürlich auch ein wenig Sorgfalt bei der Weinauswahl. Deshalb sollte man ruhig zu jedem Gang einen anderen Wein wählen, es handelt sich schließlich um jeweils ganz unterschiedliche Gerichte, die durchaus jeweils mit einem anderen Wein harmonieren.

Dazu überlegt sich der Weintrinker und Gastgeber zunächst einmal grob die Folge der Weine. Zur Vorspeise einen Weißwein, der möglichst auch zur Suppe noch passen sollte. Normalerweise trinkt man ja zur Suppe nichts, denn deren Flüssigkeit reicht schließlich aus, aber dem Genuss wird ein kleines Schlückchen dazu nicht abträglich sein... Dann einen Rotwein, und zwar einen kräftigen, denn eine gebratene Ente ist schließlich kein Leichtgewicht. Und zum Dessert benötigen wir entweder einen schweren Süßwein, der einerseits der Schokolade Paroli bieten kann und andererseits mit der Fruchtigkeit der Himbeeren harmoniert, oder einen üppigen Champagner. Um zu ahnen, welcher Typ von Wein, welche Rebsorte und welche Art des Ausbaus, muss man sich die verschiedenen Aromen der Gerichte zunächst analytisch vor Augen und – über die Fantasie! – auf die Zunge führen.

Beginnen wir mit der Vorspeise: Da haben wir einmal die zarten, aber aromatischen und leicht süßen Jakobsmuscheln, begleitet von einer senfscharfen und zitronensäuerlichen Sauce und den appetitanregenden, zartbitteren Salatblättern. Der begleitende Wein darf also nicht zu säurereich sein, weil er sonst mit den Jakobsmuscheln in Konflikt kommt. Und er darf nicht zu süß sein, weil er sonst die Säure der Sauce zu spitz hervortreten lässt (oder von ihr regelrecht »gebrochen« und in seiner Harmonie beschädigt wird). Außerdem sollte er nicht nur mineralische Geschmackskomponenten aufweisen, sondern auch vegetabile, fruchtige und florale, damit er zu den Aromen der Sauce, den bitteren Salaten und der darüber geriebenen Zitronenschale passt.

Was man darunter versteht? Ein Wein bildet ja immer einen ganzen Komplex von Duft- und Geschmacksnoten. Man unterscheidet dabei

- Primärnoten, die natürlichen, fruchtigen Aromen des jungen Weines, etwa Zitrusaromen (Zedrat, Limette, Mandarine, Orange, Grapefruit), exotische Früchte (Kiwi, Litschi, Ananas, Banane, Mango etc.), rote und/oder schwarze Beerenfrüchte (Himbeeren, Brombeeren, Stachelbeeren, rote oder schwarze Johannisbeere usw.), Apfel, Aprikose, Pfirsich ...,
- Sekundärnoten, die aus dem Ausbau im Keller resultierenden Elemente – etwa Hefetöne, Akzente die durch den Ausbau im kleinen Eichenfass, dem Barrique, erzeugt werden, Holzaromen, Vanille, Waldboden usw., Butter, Röstaromen, Brioche ...,

- Tertiäraromen, die erst mit der Alterung der Weine zu Tage treten und aus der Umwandlung der verschiedenen im Wein enthaltenen Säuren, Ölen, Ester und so weiter entstehen, etwa in Rotweinen ein Hauch von Teer, die komplexen Düfte von schwarzen oder weißen Trüffeln, in Weißweinen die typische Sherrynote in zarten Anklängen, Honig – und insgesamt die Verstärkung, Umwandlung und Integration der verschiedenen Primär- und Sekundärnoten.

Diese alle zusammen wiederum teilen sich auf in

- mineralische Noten – man versucht sie nach seinen Erfahrungen zu beschreiben und erinnert sich vielleicht an Schiefer (Schultafel), Stein, Staub, Sand, Salz (Meerwasser), Kreide, Graphit (Bleistift) und anderes mehr –,
- vegetabile Noten – wie Gras, reifer Weizen, Kräuter (die man natürlich ganz genau zuordnen kann), Sellerie, Gurken, Artischocke, Blätter von schwarzen Johannisbeeren oder Geranien usw. –,
- florale Düfte – wie Rose (etwa beim Gewürztraminer), Holunder (Müller-Thurgau), Reseda, Veilchen, Iris, etc. –,
- die würzigen Elemente – wie Vanille, Kräuter, Nelke, Muskat, Zimt, Koriander etc. –,

Wir wählen einen komplexen, schon etwas gereiften Weißburgunder (Jahrgang 2001) aus, im kleinen, aber nicht zum ersten Mal verwendeten Holzfass vergoren (das würde eine sehr starke Prägung geben, das zarte Gericht erdrücken). Eine trockene Spätlese aus Deutschland (etwa von der Nahe), deren Säure präsent ist, deren nicht zu geringer Alkoholgehalt in Verbindung mit dem dabei vorhandenen Glycerin für eine gewisse Süße und damit Harmonie zu den Jakobsmuscheln sorgt, dessen ausgeprägtes Zitrusbukett die Würze des Gerichts aufnimmt und dessen mineralisch-vegetabiler Charakter bestens zum Salat passt.

Das richtige Glas: Wir trinken diesen Wein aus einem mittelgroßen Kelch, der sich nach oben etwas verschlankt. Dieses Glas eignet sich auch für reifen, gehaltvollen Riesling, für Sauvignon Blanc, für einfachen bis mittleren Chardonnay (für große Burgunder ist ein bauchiges Glas besser!), Silvaner und so weiter. Diese Glasform konzentriert den Wein, bringt Säure und die Süße des Alkohols gleich gut zum Ausdruck – wäre es bauchiger, würde der Wein breiter und flacher schmecken, wäre es schlanker, würde er einem säuerlich über die Zunge laufen.

Zur Suppe kann man diesen Wein bestens weitertrinken, könnte jedoch, falls er zu Ende gegangen sein sollte und man doch etwas anderes reichen will, zu einem Sauvignon Blanc greifen (etwa aus

der Südsteiermark), der mit seinen Cassis-, Heu- und Litschi-Aromen dem Lauchsüppchen eine Krone aufsetzen kann.

Zum Hauptgericht: Nicht nur zur Ente muss der Wein passen, sondern auch zu den erdig-süßen Rote-Bete-Knödeln, zum leicht adstringierenden, also gerbsäurehaltigen Spinat mit seinen grünen Aromen und vor allem auch zur Sauce, in der Johannisbeeren, komplexe Fruchtessignoten und Röstzwiebeln eine Rolle spielen. Wir könnten nach Italien gehen – etwa einen Barbaresco oder Barolo wählen aus der für den Piemont typischen, intensiven, säurereichen und breitfächrigen Nebbiolo-Traube, einen mächtigen Toskaner – von Chianti Classico über Nobile di Montepulciano und Brunello bis zu einem der modernen Supertuscans, die häufig aus einer Cuvée, also einem Verschnitt zweier oder mehrerer Rebsorten, bestehen. Bei Rotwein ist dies ja in vielen Regionen üblich, denn wenn die eine Sorte einen besonders ausgeprägten Körper und Wucht sowie angenehme Tannine (Gerbsäure), die freilich die Zunge nicht gerben dürfen, sondern sie charaktervoll umschmeicheln sollten, und ein gutes Reifepotential im Holzfass mitbringt, so ergänzt sie die andere Sorte mit samtigen und frisch-fruchtigen Aromen zu einem Gesamtkunstwerk! Dies ist ja in der Rotweinregion par excellence, dem Bordelais, bereits seit Jahrhunderten Tradition: Eine Cuvée (also Mischung) aus Cabernet und Merlot wird immer zur Ente und ihren Begleitern passen! Oder ein Wein von der Rhône mit Syrah und Grenache, etwa Cornas, Hermitage, Gigondas oder Châteauneuf-du-Pape. Aus Österreich käme vielleicht eine Cuvée aus mächtigem Blaufränkisch mit fruchtigem Zweigelt in Frage, aus Deutschland ein Lemberger aus Württemberg oder, und dafür haben wir uns heute entschieden, eine Cuvée aus Lemberger, Cabernet Sauvignon und Merlot (Dautel, Württemberg), die natürlich im Barrique ausgebaut wurde. Der Wein wurde vor drei Stunden geöffnet und schwungvoll in die Karaffe gegossen.
Dieser Vorgang – Dekantieren genannt – hat dem Wein Sauerstoff zugeführt, der ihn belebt. Außerdem können dabei eventuell bei der Reifung in der Flasche entstandene Nebenaromen, die nicht unbedingt die Nase entzücken müssen, entweichen, der Wein schmeckt wieder sauber und klar – allerdings ist er nur klar, wenn wir ihn vorher nicht geschüttelt haben und der Wein vorsichtig vom Depot getrennt wurde.

Das richtige Glas: Wir trinken ihn aus dem klassischen Bordeaux-Glas, das kräftige, intensive, aber nicht in erster Linie nur von der Frucht, sondern vom gekonnten Ausbau im Keller geprägte Weine bestens zur Geltung bringt. Nicht nur Bordeaux-Weine, sondern auch die Toskaner (ebenso der klassische Sangiovese wie die internationalen Rebsorten), die spanischen (Rioja, Duero, Priorato) und portugiesischen Rotweine (Dao) und die meisten Weine aus der neuen Welt (Ausnahme sind eigentlich nur die Pinot-noir-Weine) schmecken aus diesen großen, nach oben sich schließenden Gläsern am besten. Ein Piemonteser oder Rhône-Wein hingegen verlangt wie jeder Burgunder nach einem bauchigeren Glas, das seine Strenge mildert, ihm mehr Luft gibt, ihn üppiger und weicher macht und dabei seine reichen Düfte konzentriert.

Und zum Dessert? Schokolade ruft geradezu nach einem mächtigen, schweren Wein – ideal sind die mit Alkohol verstärkten Weine aus dem Süden, weil sie weniger Säure aufweisen als etwa deutsche oder österreichische Trockenbeerenauslesen oder Eisweine. Schokolade und Säure vertragen sich nämlich nur in Maßen! Wählen wir also zum Beispiel einen süßen Port, einen schweren, süßen Sherry (Pedro Ximenes oder Cream), aus Südfrankreich einen Maury oder einen Banyuls, aus Italien einen Passito di Pantelleria oder einen süßen Vin Santo. Wir könnten uns für einen Muscat de Beaumes-de-Venise aus der Provence entschließen, den wir uns vor vielen Jahren einmal von dort mitgebracht haben – es ist das Schöne an solchen Weinen, dass man mit ihnen die damalige Stimmung noch einmal aufleben lassen kann! Ihn würden wir aus einem kleinen, bauchigen Glas trinken, damit er einerseits atmen kann und die Oberfläche ausreichend groß ist, andererseits sein feiner Duft nicht verfliegt. Und wir schenken immer nur einen kleinen Schluck ein, der in der Flasche kühl bleibt, sich im Glas dann jedoch rasch erwärmt und seinen üppigen Duft verströmt. Das wäre eine vollkommen harmonische Begleitung.
Wir aber entscheiden uns für ein anderes Prinzip, suchen beim Getränk nicht die Harmonie, sondern eher den interessanten, belebenden Kontrast und holen aus dem Keller einen üppigen, aber dennoch eleganten Jahrgangschampagner (1998 Blanc de Blancs von Saint Gall, also einen Champagner ausschließlich aus Chardonnay-Trauben bester Lagen), den wir in dem klassischen Champagnerkelch genießen: Er macht zwar beim ersten Schluck durch eine herbe Bitterkeit stutzig, aber die verfliegt sofort, und dann erfrischt er die vom reichen Dessert überwältigte Zunge und hebt die herrlichen Beerenaromen in glanzvolle Höhe ...

Bottle-Party

Der richtige Wein, die passenden Snacks

Die Idee ist gut: Jeder steuert etwas bei, zum Essen, zum Trinken, Dessert – so bleibt nicht alles am Gastgeber hängen, der ja ohnehin genug mit dem Fest zu tun hat. Allerdings: Wenn man die Sache nicht ordentlich plant, stehen womöglich am Ende fünf Nudelsalate auf dem Buffet, die keiner mag, dafür fehlt's am Brot und niemand hat an ein Dessert gedacht. Deshalb ist Planung enorm wichtig. Und: Man sollte die Aufgaben ganz gezielt nach Können (und Geldbeutel) verteilen. Es müssen Gerichte mit unterschiedlichem Schwierigkeitsgrad sein, die aber allesamt auch einen Abend lang auf dem Buffet eine gute Figur machen. Ein bisschen pfiffig darf es sein, und so vielfältig und unterschiedlich, dass für jeden Geschmack etwas zu finden ist.
Damit man gleich zu Beginn was zu beißen hat, solange das Buffet noch nicht eröffnet ist, ein paar Happen auf die Hand:

Gestreifte Salamibissen

Das sieht witzig aus, ist von jedem kinderleicht herzustellen, und zwar auch gut im Voraus.

1 Die Salamischeiben dünn mit Butter bestreichen und haargenau aufeinander stapeln. Die oberste Scheibe bleibt leer. Der Stapel sollte etwa 8-10 cm hoch sein (etwa so hoch wie eine Scheibe vom Vollkornbrot breit). In Alufolie wickeln und über Nacht im Kühlschrank fest werden lassen.

2 Zum Servieren den Stapel auf der Aufschnittmaschine quer zu den Scheiben salamidünn aufschneiden. Diese gestreiften Scheiben auf Vollkornbrot betten und in mundgerechte Happen zuschneiden. Zum Servieren auf einer Platte nebeneinander anordnen.

ZUTATEN

Für acht bis zehn Personen:

200 g Hausmacher Salami
(in nicht zu dünnen Scheiben)
ca. 60 g Butter
1 Vollkornbrot in dünnen Scheiben

Käsebrotwürfel

Der Käse bestimmt hier den Geschmack – mit einem sanften Chester oder Edamer, auch mit jungem Gouda sind die Happen eher mild; ein kräftiger Bergkäse (Comté etwa, ein zwei Jahre alter Greyerzer oder ein Beaufort) gibt den Käsewürfeln mehr Charakter.

Die Brotscheiben auf beiden Seiten dünn buttern – pro Brotstapel müssen jedoch die unterste und oberste Scheibe auf einer Seite unbestrichen bleiben. Jeweils abwechselnd mit den Käsescheiben aufeinander stapeln – etwa vier bis fünf Schichten. Jeden Brotstapel jeweils in mundgerechte Dreiecke oder Quadrate schneiden. Die gestreiften Brottürmchen auf einer Platte anrichten.

ZUTATEN

Für acht bis zehn Personen:

Vollkornbrot in dünnen Scheiben (ca. 15 bis 20)
Butter zum Bestreichen
ebenso viele Scheiben Käse

TIPP

Für eingefleischte Nicht-Vegetarier: die einzelnen Gemüsestreifen mit hauchdünn geschnittenem rohem oder gekochtem Schinken umwickeln (als seien es Grissini). Die Gemüsestreifen nach Farben kunterbunt gemischt in Gläser oder hübsche Töpfe stellen – die schinkenumwickelten lieber auf eine Platte legen.

Gemüsestreifen mit Dip

Ein Klassiker – aber immer wieder eine hübsche Sache: Möhren, Selleriestangen, Paprika in allen Farben, Chicorée- und Radicchioblätter mit verschiedenen Dips zum Stippen. In Italien liebt man dazu einfach Olivenöl, das mit etwas Salz gewürzt ist. Wenn dafür jeder sein eigenes kleines Schälchen hat, kann er sich seine Ölportion noch zusätzlich würzen, mit Pfeffer, auch mit ein paar Tropfen Essig.

Aber auch andere Saucen zum Dippen sind schnell angerührt:

Kräuterdip

ZUTATEN

3 hart gekochte Eier
1 EL Senf
1 Tasse fein gehackte Kräuter (was der Markt gerade bietet: Petersilie, Schnittlauch, Kerbel, Basilikum)
2 EL Essig
4 EL Olivenöl
100 g saure Sahne
Salz, Pfeffer
1 Spritzer Worcestershiresauce
3-4 Cornichons
2 EL Kapern

Die Eigelb auslösen, mit Senf, Kräutern, Essig und Öl mit einer Gabel zerdrücken und die saure Sahne untermischen. Salzen, pfeffern, mit Worcestershiresauce würzen. Zum Schluss jeweils fein gewürfelt Eiweiß, Cornichons und Kapern unterrühren.

Scharfe Avocadosalsa

Die Avocados müssen reif sein, ihr Fruchtfleisch so weich, dass es auf behutsamen Fingerdruck nachgibt wie Butter. Schälen, das Fleisch herauskratzen und in einer Schüssel zerdrücken. Die Tomaten häuten, entkernen, ihr Fleisch fein würfeln und mit den übrigen, ebenfalls fein gewürfelten Zutaten verrühren, dabei mit Salz, Pfeffer, gemahlenem oder im Mörser zerstoßenem Piment und mit Zitronensaft würzen. Gut verrühren, bis sich alles innig verbunden hat.

ZUTATEN

2 reife Avocados
2 Tomaten
2 Chilis
1 Zwiebel
2-3 Knoblauchzehen
Salz, Pfeffer
Piment
Zitronensaft

Senfdip

Senf und Essig mit Salz und Pfeffer verrühren, den Knoblauch durch die Presse hinzudrücken, das Olivenöl einfließen lassen und alles mit einer Gabel kräftig aufschlagen. Die jetzt noch ganz schön scharfe Sauce mit saurer Sahne glatt rühren. Eventuell Schnittlauchröllchen untermischen.

ZUTATEN

3 gehäufte EL Senf (nach Gusto mild oder lieber scharf)
2 EL Essig
Salz, Pfeffer
2-3 Knoblauchzehen
4-5 EL Olivenöl
100 g saure Sahne

Salate

Blumenkohlsalat mit Kapern

Den Kohlkopf dafür in möglichst kleine Röschen teilen, die den Geschmack der anderen Zutaten gut aufnehmen können.

ZUTATEN

Für sechs Personen:

1 großer Blumenkohlkopf
Salz
3 EL Milch
Zitronensaft
2-3 rote Paprika (nach Größe)
1 Tasse schwarze Oliven
2-3 Frühlingszwiebeln
5 Anchovis
1-2 Knoblauchzehen
3-4 EL Apfelessig
Pfeffer
4-5 EL Olivenöl
3-4 EL Kapern

1 Den Blumenkohl in kleine Röschen schneiden, in reichlich Salzwasser, dem ein guter Schuss Milch zugesetzt wurde sowie einige Tropfen Zitronensaft (macht den Blumenkohl schön weiß), bissfest kochen. Er darf nicht zu weich sein, sollte aber auch natürlich nicht mehr roh wirken. Abgießen (dabei eine Tasse Kochwasser auffangen) und abtropfen lassen, nicht abschrecken – so behält er besser sein Aroma.

2 Paprika nach Belieben häuten (mit dem Sparschäler), entkernen und in zentimeterkleine Würfel schneiden. Die Oliven entsteinen und dabei in Stücke schneiden. Frühlingszwiebeln (mit Grün!) in feine Scheibchen schneiden. Die Anchovis hacken oder zerdrücken, in einer ausreichend großen Salatschüssel mit dem Essig auflösen, zerdrückten Knoblauch zufügen, mit Pfeffer würzen und das Öl unterrühren. Alle anderen Zutaten jetzt in die Schüssel füllen und gründlich mischen. Sollte der Salat noch zu trocken wirken, mit etwas Blumenkohlkochwasser anfeuchten. Etwas durchziehen lassen und nochmals abschmecken, bevor serviert wird.

Oktopus im Kartoffelsalat

ZUTATEN

Für sechs Personen:

1 mittelgroßer Oktopus
(ca. 600 g)
Salz
2 Lorbeerblätter
1 TL Pfefferkörner
1 kg Kartoffeln
1 Zwiebel
1 Strauß glatte Petersilie
grobes Meersalz
Pfeffer
Zitronensaft
Zitronenschale
Olivenöl

Wahrscheinlich müssen Sie den Oktopus bei Ihrem Fischhändler bestellen. Aber es lohnt sich! Er ist nicht sehr teuer und schmeckt einfach umwerfend gut, wenn man ihn nach folgendem ligurischen Rezept zubereitet. Übrigens verträgt der Oktopus keine Tiefkühlkälte: Wenn er erst einmal gefroren war, wird er zäh und ganz bestimmt nie wieder zart.

1 Den Oktopus in aufwallendes Salzwasser gleiten lassen, Lorbeerblätter und Pfefferkörner zufügen und fünf Minuten leise ziehen lassen. Dann den Topf vom Feuer nehmen und den Oktopus in der langsam nachlassenden Hitze abkühlen lassen. Inzwischen die Kartoffeln gar kochen.

2 Zum Servieren die Kartoffeln noch warm pellen und in Scheiben schneiden. Den Oktopus in zentimeterlange Stücke schneiden, dabei das Maul im Zentrum der acht Beine sowie die Augen am unteren Ende des Kopfes entfernen.

3 Die Zwiebel sehr fein würfeln. Alles mit viel fein gehackter Petersilie in eine Schüssel füllen. Mit grobem Salz bestreuen, reichlich Zitronensaft und abgeriebene Zitronenschale zufügen und mit Olivenöl umwenden. Behutsam mischen und in einer großen Schüssel auf den Tisch stellen.

ZUTATEN

Für sechs Personen:

500 g Reiskornpasta (gibt's in türkischen oder griechischen Lebensmittelläden)
Salz
1 Hähnchenbrust (mit Knochen oder 300 g gares Hähnchenfleisch)
1 dicker Bund Suppengrün
1 TL Pfefferkörner
1 schöne Staude Bleichsellerie
1 Chicoréestaude oder Radicchioknolle
etwas Frisée

Zitronenmayonnaise:
2 Eigelb
1 TL Senf
etwas abgeriebene Zitronenschale
2 EL Zitronensaft
1 Prise Zucker
Pfeffer
ca. ⅛ l Olivenöl
1 Schuss Brühe

Salat aus Reiskornpasta mit Hähnchenbrust

Sieht aus wie Reissalat, ist aber ein Nudelsalat – lassen Sie Ihre Gäste raten ...

1 Die Pasta in Salzwasser gar kochen. Wer kein gares Hähnchenfleisch zur Verfügung hat, setzt die Hähnchenbrust mit dem Wurzelwerk in einem Topf knapp mit Wasser bedeckt auf, Salz und Pfefferkörner zufügen und zugedeckt leise etwa eine halbe Stunde köcheln; auskühlen lassen, das Fleisch ablösen und zentimeterklein würfeln.

2 Die Fleischwürfel dann unter die Reiskornpasta mischen. Ebenso den Sellerie – die Blätter grob gehackt, die Stiele in feinen Scheibchen. Chicorée oder Radicchio ebenfalls in Streifen schneiden, den Frisée verzupfen. Alles mischen und mit der Marinade übergießen: Dafür die zimmerwarmen Eigelb (alle anderen Zutaten sollten ebenfalls gleiche Temperatur haben) in einem hohen Mixbecher aufschlagen, dabei Senf und alle Gewürze zufügen und schließlich langsam in dünnem Strahl das Öl hinzufließen lassen. Unermüdlich schlagen, mit dem Schneebesen oder mit dem Mixer, bis eine schöne, dicke Creme entstanden ist. Mit Brühe etwas verdünnen. Die Salatzutaten damit gründlich mischen und in einer großen Schüssel anrichten.

Aus dem Ofen

Gefüllte Börek-Röllchen

Wenn man die Röllchen schön dünn aufwickelt, so dass sie etwa wie eine dicke Zigarre aussehen, ist das ein witziger Happen, den man lässig aus der Hand essen kann.

ZUTATEN

Für sechs Personen:

1 Paket Filoteig aus dem türkischen Spezialitätenregal
1 Zwiebel
2 Knoblauchzehen
2 EL Olivenöl
300 g blanchierter Spinat
150 g Schafskäse
Salz, Pfeffer
Paprikapulver
Sahne zum Einstreichen

1 Die Teigblätter aus der Packung nehmen. Für die Füllung die Zwiebel fein hacken und mit dem zerdrückten Knoblauch im heißen Olivenöl andünsten. Den Spinat ebenfalls fein hacken und zufügen, alles gut mischen und zwei Minuten schmurgeln lassen. Derweil den Käse zerbröckeln oder auch mit dem Messer würfeln. Mit dem Spinat vermischen und diese Masse mit Salz, Pfeffer und Paprika abschmekken.

2 Die Teigblätter ausbreiten, eventuell doppelt legen und einen Streifen Füllung auf einer Seite dünn verstreichen. So aufrollen, dass der leere Teil die Hülle der »Zigarre« bildet. Die Rollen auf Zigarrenlänge zurechtschneiden. Nebeneinander auf ein mit Backpapier belegtes Blech setzen. Mit Sahne einpinseln und bei 200 °C im vorgeheizten Ofen etwa 20 Minuten backen, bis die Röllchen golden und knusprig sind.

TIPP

Die dickeren Börek- oder Yufkablätter braucht man nicht doppelt zu legen.

Dessert

Gestreifte Beerencreme

Sie können jede Art von Beeren dafür nehmen, was die Tiefkühltruhe eben gerade bietet. Hübsch sieht es aus, wenn man die weiße und die rote Creme abwechselnd in schlanke hohe Gläser schichtet. Wer nicht genügend solcher Gläser hat, nimmt stattdessen eine Glasschüssel, damit man die Streifen deutlich sehen kann.

ZUTATEN

Für fünf bis sechs Kölschgläser (à 2 cl Inhalt):

250 g Magerquark
Zucker
1 Tütchen Vanillezucker
abgeriebene Zitronenschale
Zitronensaft
8 Blatt Gelatine
200 g Sahne
400 g Himbeeren
gemischte Waldbeeren oder Johannisbeeren
75 g Zucker

1 Quark mit Zucker, Vanillezucker, Zitronenschale und -saft würzen, vor allem nach Gusto süßen. Die Gelatine in kaltem Wasser einweichen. Vier Esslöffel von der Sahne abnehmen und erhitzen (am besten in der Mikrowelle), vier Blatt Gelatine darin auflösen. Etwas abkühlen lassen, dann unter die restliche Sahne rühren und jetzt alles steif schlagen und unter den Quark heben.

2 Die Beeren mit dem Zucker vermischt stehen und Saft ziehen lassen. Die restliche Gelatine mit drei Esslöffeln davon auflösen (in der Mikrowelle oder in einem Töpfchen) und unter die Beeren rühren.

3 Sahnequark und Beeren etwa eine Stunde kalt stellen, bis die Gelatine anzuziehen beginnt. Jetzt abwechselnd in hohe Gläser füllen, schön sorgfältig, damit sich tatsächlich die Streifen deutlich voneinander absetzen. Kalt stellen und fest werden lassen.

Die Getränke

Bottle-Party bedeutet: Jeder bringt eine Flasche (oder auch mehrere) mit. Aber wehe, man nimmt keinen Einfluss darauf und sammelt nur ein, was die Gäste anschleppen! Höchstwahrscheinlich hat diese Mischung am nächsten Morgen dicke Häupter zur Folge. Also: Sie als Gastgeber geben die Richtung vor, lassen aber den Gästen ein wenig Freiheit, sich das Passende auszusuchen – wenn Sie es ihnen zutrauen! Freunde, die weniger fit in der Auswahl eines guten Rotweins sind, lassen Sie lieber einen Kasten Wasser besorgen, das man gegen den Durst schließlich auch braucht – und vielleicht, um einen Wein zu »spritzen«. Manchmal mag es gut sein, wenn Sie Ihren Gästen einen Tipp geben, wo sie welchen Wein zum günstigen Preis finden – vielleicht regen Sie damit auch das Interesse der Freunde an. Wenn Sie am Wohnort keinen guten Händler oder Laden kennen, ist das Internet bei der Suche hilfreich und findet auch Händler, die Wein verschicken. Andererseits können Sie, wenn Sie wissen, dass einer der Gäste sich bei bestimmten Weinen besonders gut auskennt – oder, zum Beispiel, sich aus dem Urlaub immer besondere Tropfen einer Region mitbringt –, ihn motivieren, etwas Besonderes zu präsentieren.

Welche Weine für einen langen Abend?

Beachten Sie, dass einige Gäste vielleicht nur trockenen Wein mögen, andere aber lieber nur süß trinken. Wählen Sie keine zu mächtigen und schweren Weine, die machen eher müde – einfacher, junger Chianti oder Valpolicella, ein fruchtiger Silvaner oder Weißburgunder (vorzugsweise QbA oder Kabinett), ein feinfruchtiger Riesling – das ist schon eine schöne Grundmischung. Ergänzen Sie diese

Auswahl mit ein paar Flaschen Riesling Spätlese (vielleicht die Hälfte trocken und die andere lieblich, also ohne einen die Geschmacksrichtung beschreibenden Zusatz auf dem Etikett) und Trollinger aus Württemberg oder Spätburgunder (am besten vielleicht aus Baden, weil die am wenigsten Säure aufweisen und daher am bekömmlichsten sind), eventuell auch einem fruchtigen Beaujolais oder einem kräftigeren Rotwein aus Frankreich (Languedoc), Italien (Nero d'Avola aus Sizilien), Österreich, Spanien (La Mancha) oder Übersee – all diese Weine sind preisgünstig, man sollte sie aber zuvor unbedingt probieren, denn an den Etiketten kann man oft nicht erkennen, wie sie ausfallen: Manchmal sind sie sehr mächtig, können aber, wenn sie ganz billig sind, auch mal schlichtweg dünn sein.

Die perfekte Temperatur, das richtige Glas

Den Weißwein sollten Sie gut kühlen – wenn man einen Balkon oder eine Terrasse hat, ist dies im Winter ja kein Problem. Andernfalls können Sie sich von draußen Schnee oder Eis mitbringen und die Flaschen in einer Wanne oder einem großen Eimer kühlen. Gegebenenfalls schon mehrere Tage zuvor in einer großen Metallschüssel im Tiefkühler einen Eisblock herstellen, der den ganzen Abend über in einer Wanne nicht wegtaut. Oder Sie produzieren Eisklötzchen in Joghurtbechern, die ebenfalls lange halten.
Den Rotwein temperieren, also die klassische Raumtemperatur von 16 bis 18 °C annehmen lassen – nicht die heutige Zimmertemperatur ist gemeint! Bei 22 °C wird jeder Rotwein völlig vom Alkohol überlagert, der flüchtiger ist und alle Feinheiten verdrängt.
Und als Glas sollten Sie ein nicht zu empfindliches, aber auch nicht zu dickwandiges Glas mit bauchigem Kelch bereithalten, in dem sowohl die weißen wie die roten Weine ordentlich zur Geltung kommen. Nehmen Sie keine langstieligen Gläser für die Party, denn die können leicht einmal umkippen. Und wenn Sie die Gläser mit verschiedenen bunten Bändchen kennzeichnen (einfach als Schleife um den Stiel binden), dann findet jeder Gast sein Glas leicht wieder und nervt Sie nicht andauernd mit der Bitte um ein neues Glas. Und für Wasser (oder Säfte) ein weiteres einfaches Glas bereitstellen (Kölsch- oder Altgläser sind besonders praktisch und preiswert), denn nichts ist ärgerlicher als Gäste, die aus durstiger Verzweiflung Wein statt Wasser zu trinken beginnen...

Register

Adressen, Links und ausgewählte Weinliteratur

Einige ausgewählte Weinhändler, die unserer Meinung nach gute Qualität zu vernünftigem Preis anbieten:

VINCENT BECKER	www.vincent-becker.de
Eberhard Spangenbergs GARIBALDI	www.garibaldi-wein.de
Kössler & Ulbricht (K & U)	www.weinhalle.de
THOMAS SPÄTH (Weine aus Österreich)	www.thomasspaeth.de
Weinhandlung Bernd Kreis	www.wein-kreis.de
HAWESKO GmbH	www.hawesko.de
Jacques' Weindepot	www.jacques.de
Harald L. Bremer	www.bremerwein.de
Franz Keller	www.franz-keller.de
WEIN & GLAS Compagnie	www.weinundglas.com

Ein Tipp, wie Sie einen bestimmten Wein finden können:

Weinportal	www.wein-plus.de

Einige ausgewählte Weinführer und -bücher, die Ihnen weiterhelfen können:

Armin Diel/Joel Payne: Gault Millau WeinGuide Deutschland 2005.	€ 29,00
Bernd Kreis: 500 Weine unter 10 Euro 2005.	€ 14,90
Gerhard Eichelmann: Eichelmann – Deutschlands Weine 2005.	€ 27,90
Gambero Rosso: Vini d'Italia 2004 (deutsche Ausgabe).	€ 29,90
Stuart Pigott: Stuart Pigotts kleiner genialer Weinführer 2005.	€ 9,90
Bernd Kreis: Essen und Wein.	€ 6,90
Beat Koelliker/Bernd Kreis: Hallwag Weinschule.	€ 19,90
Paula Bosch/Harald Willenbrock: Weingenuss	€ 25,00